おとなの道草

これから！　女の自由時間

中山庸子

さくら舎

はじめに　いつもと違う景色を見てみたい！

これまで、何かに背中を押されるようにセカセカ生きてきたのかな、とふと思うことがあります。

そう感じるのは、新しいことより、振り返って考える時間のほうが増えてきたせいでしょうか。

もう少しで、50代も仕上げになります。

自分で言うのもナンですが、根は生真面目《きまじめ》できちんとやりたい願望が強いタチ、「そう器用でもないのに」です。

そんな生真面目さは時に成果にもつながるけれど、「ねばならぬ」というプレッシャーになり、自分の背中をけっこう強めに押していたのでしょう。気づくと「ねばならぬ」の連続で、しんどいときも少なくなかったんです。

たとえば「捨てねばならぬ」「清々《すがすが》しい住空間をキープせねばならぬ」と常に自分に

活《かつ》を入れながらの、片づけメインの生活にも若干《じゃっかん》疲れを感じてきたところ。よく考えれば、特にそれが高価でなくても、すぐに役立たなくても「歳月を経たもの」や「物語のある懐《なつ》かしいもの」を愛《め》でたいほうなのに、です。

で、断捨離で広々した空間を確保する素晴らしさは認めたうえで、ちょっとくらい散らかっていても、捨てられないものがあっても「自分が快く寛《くつろ》げる家で暮らしたい」という心境になってきました。

時代小説に出てくる、ずっと長く（百年が目安とか）使ったせいで煙管《キセル》や根付《ねつけ》、鍋釜《なべかま》に宿るという付喪神《つくもがみ》を見たい……とまでは言わないけれど、日本人の身のまわりの物への細やかな愛着がそんなおもしろい神様まで生み出したことは、忘れたくないわけです。

骨董屋《こっとうや》やアンティークショップの品はもちろん、もっと身近なフリーマーケットの物だって、誰かがもう一度それに価値や魅力を見出して連れて帰れば、人の暮らしの新たな仲間として再デビューできます。

その物が作られたのは、誰かの役に立ち、生活に喜びや楽しみを与える使命のため、という素朴な原点に戻ってみたいんです。

自分が所有してきた物を捨てること、「物との別れ」にためらいがあって当然と思うし、迷ったなら「無理に捨てなくていい」と私は考えています。「もうちょっと部屋がすっきりしたらな」と思いつつ、「捨てられない物」とはこれからも一緒に暮らしていきながら、もし「もう捨てよう」と気持ちが変わったり、役立ててくれそうな次の持ち主を見つけられたら、そのとき「別れればいい」と。

今の私は、「脇目《わきめ》も振らずまっすぐな道を行く」という「ねばならぬ」的生き方より「人生に伏線を設《もう》け、おもしろそうな脇道に入ってみる」生き方のほうに惹《ひ》かれるし、興味があります。

ある日、暦《こよみ》のうえでは春とはいえ、まだまだ肌を刺す冷たい風の中、青山墓地をぬけ、根津《ねづ》美術館まで行ってきました。一応、ゴミ出しはしましたが、掃除機をかけるのは帰ってからということにして。

東京都港区にある根津美術館は、六本木の国立新美術館がオープンするまでは、わが家から最も近い美術館でした。初代根津嘉一郎《ねづかいちろう》氏のコレクション群も見事ですが、私が好きなのは、茶室が点在し四季折々に多彩な表情を見せる日本庭園です。

ウィークデイだったので、展示コーナーはともかく、庭には人影もまばら。そして、いつもこの大都会のまん中にひっそりと優雅に存在する回遊式庭園を歩くたびに、いくえにも作られた脇道こそが人生の妙味《みょうみ》だな、なんてつぶやきたくなるのです。

かつて、「そんなに急いでどこへ行く」といった交通標語が流行《はや》りましたけど、ま、そんな感じでしょうか。

おとなは、一刻も早く目的地へ着くことよりあちこちの景色を楽しみつつ、しみじみしたりクスッと笑ったり、舌鼓《したつづみ》を打ったりを楽しみたい。

この本も、あちこちに回遊しながらも、少しは味わいのあるものになれば幸いだと思っています。

最後まで、ゆっくりおつきあいください。

〈目次〉

第2章 「好き」を道づれに

第3章 「道草上手」は生き方上手

おとなの道草

これから!　女の自由時間

第1章　ほしいのはワクワク感！

散らかっているけど、それが何か？

何の匂いもない部屋に住みたいですか？

モデルルームみたいな家にも、何の匂いもない部屋にも住みたいとは思いません。

その空間に誰かが生きて暮らしている以上、散らかるのは当たり前だし、人間たちが日々の積み重ねで醸《かも》し出す匂いがあって当然だからです。

千駄ケ谷《せんだがや》のマンションでひとり暮らしを始めた娘が、青山の家へ帰ってくると「ああ、うちの匂いがする……」と嬉《うれ》しそうに言うし、私が前橋の実家に帰って玄関を開けた瞬間も「ああ、うちの匂いがする……」と嬉しく感じます。

「うちの匂い」を具体的に説明するのはむずかしいけれど、わずかに湿っぽく、ホッと寛《くつろ》げて、心も体も鎧《よろい》を脱げる、そんな匂いのような気がします。

そして、その家ならではの散らかり方も愛《いと》おしい。

たとえば、料理をたくさん作ってふるまうのが好きで、回覧板を持ってきた近所の人にも「今蒸《ふ》かしたてのさつまいも食べてかない？　昨日届いた高菜もつまんでみな

い？」と声をかけるような友だちが暮らしている家。

キッチン（というより台所）の床には産地から届いた食材の入った段ボール箱やスーパーのポリ袋がいくつも置いてあり、シンクまわりに下ごしらえ中のボールやバット、食器棚にしまわれないままの大皿や小鉢がごちゃごちゃ出ていたとしても、久々に寄ったら「やっぱり彼女らしい散らかし方だ」と懐《なつ》かしく嬉しくなるような感じです。

さて、私の散らかしは、まちがいなく雑誌、本、ノート類。

いつも身のまわりに数冊の「読みかけの本」がないと落ち着かないし、読み終わった本もノートに「そうそう」とつぶやいた台詞《せりふ》や「これ」と膝《ひざ》を打った言葉を書き抜いてからでないと本棚に入れられません。

雑誌も興味のある記事やすてきなグラビア写真をスクラップした後に棚に置くか「資源回収」に出すか決定するので、目につくところにそれらが置かれたり積まれたりしていないほうが珍しい。

幼稚園の頃には、すでに包装紙や紙ナプキン（当時は「紙ハンカチ」と呼んでいました）を集め、チラシをホッチキスで留めてノートを作ったり、ぬりえやきせかえ、絵本や漫画に囲まれていればごきげんな子だったので、もう紙類は体の一部と言ってもいいのです。

散らかせるのは夢中になっている何かがあるから

今も、ノートパソコンまわりには（数えてみたら）書き抜きノート8冊、展覧会のパンフレット3冊、プログラム類が1袋分、そして今年と去年の日記帳、メモ用紙に付箋《ふせん》、読みかけの文庫本が3冊、散らばっています。

このくらい散らかってくると、ようやく原稿も進むであろう兆《きざ》しが見えてくるのです。そばを通りかかった夫も（おっ、だいぶモノカキらしく散らかってきたな、やっと書く気になったんだ）という表情で通りすぎていくわけです。

もしかすると「やっぱり誰々らしい」というのは、それがたとえ散らかり方であっても、大事な個性のひとつだと、根が生真面目《きまじめ》なので勝手な理屈をつけているのです。

散らかせるのは、たった今、夢中になっている何かがあるから。

その何かに飽《あ》きたら気分転換に片づければいいし、まだ続けたいことがあるうちは「散らかっているけど、それが何か？」でいいのではないでしょうか。

「おとなの時間割」で。

「しなくちゃいけないこと」だらけの日々

この頃、だいぶ忘れっぽくなりました。

おそらく、記憶した事柄を入れておくためのポケットの縫い目のどこかにほころびができているんでしょう。

新しい「しなくちゃいけないこと」を記憶のポケットに入れるたびに、別の記憶がちょっとずつほつれたところからこぼれ落ちてる感じです。

でも、そういう忘れっぽさもあまり気にならなくなったところを見ると、生真面目や神経過敏という名のポケットもちょっとほころびてきていて、いい感じにバランスがとれているのかもしれません。

以前は夜、枕にのせた頭の中に「明日しなくちゃいけないこと」がかなり明確な姿になってゾロゾロ押し寄せてきて、それが果たして「明日の自分」に全部こなせるのだろうか……という緊張と興奮でなかなか寝つけないことがありました。

そして「明日しなくちゃいけないことがこんなにたくさんあるのだから、もう寝なくちゃいけない！」という本日最後の「しなくちゃならない」が、日付が変わり皮肉なことに翌日最初の「しなくちゃならない」になって、焦《あせ》ることもしばしばでした。

でも、その頃は多少寝不足でもバリバリ動けたし、本当にたくさんのことができる自分が自慢で、大好きだったんだと思います。

娘の学校のＰＴＡの役員をしていたときのことです。最近の記憶はポロポロ落としていても、こういうのは忘れないんですが、一緒に係りをしていたお母さんのひとりから、「あなたは自分が忙しいということに優越感を持っている」と言われたのでした。

相当に図星だった気がします。

当時、締切りや取材に追われている自分が自慢だったんでしょう。きっと、ＰＴＡの仕事なんてちょろいもんだわ！　と顔に書いてあったのかもしれません。私には「しなくちゃならないことがたーくさんあるのよ」とも。なお感じが悪いことに、私は元教師よ！　という看板も下げていました。

今になってよくわかるのは、たいていの人は当時の私みたいな「しなくちゃ自慢」の偉そうな人間とは一緒にバザーの係りなんかしたくないということです。

1時間ですませていたことは1時間半に

まあ、そういう若気《わかげ》の至りの「しなくちゃ自慢」をたくさんしたおかげで、今は人の「しなくちゃ自慢」にも、皮肉でもなんでもなく「たいへんだろうけどがんばってね」と言えるようになりました。

若いうちは少しくらい嫌みや自慢もないと、働くためのエネルギーが効率よく燃焼しないからです。

私自身は、もう「しなくちゃ自慢」は卒業したい。

完全に卒業するのが無理なら、せめて大匙《おおさじ》から小匙に替えたい。

そのために、忘れ物をしても家に戻れたり、少し早めに着いて近くの路地をちょっと覗《のぞ》けるように、たとえば、30分で着けるところには20分多めに時間を割り振って、ゆとりを持たせることにしました。

1時間ですませていたことは1時間半に、3時間近くかかることは思い切って半日仕事、というようにしてみたら、一日の「実行数」は以前より減っても、ひとつのことを成し遂げた手ごたえがリアルに感じられるようになり、正直なところ驚きました。

綱渡りのようなダブルブッキングすれすれのスケジュール生活も、若い頃は格好がいいと思っていたし、実際スリルもあって刺激的でした。けれど今は、ぎっしりの予定をこなそうと忙しそうな様子を見せるのはあまりエレガントじゃないし、慌《あわ》てて転んで痛む足をひきずるよりは、ゆっくりめに歩くほうがよっぽど効率がいいと「おとなの判断」をしています。

まわりの景色も楽しみ、しみじみできる、余裕のあるおとなの時間割。

こういう生活も、「ゆっくり自慢でしょ」と言われれば、まあ否定できませんけれど。

思いがけない「再会」があるもの

二度目だからこそのおもしろさ

すでにだいぶ前から本棚に入りきらなくなった本が、かなりの量になっています。かつて子どもたちのおもちゃが入っていた箱や収納ケースの引き出しを開けてみたら、存在すら忘れていた本の背表紙がずらりと並んでいて、さすがに少しは減らさなくちゃ……と思いました。

もちろん好きな作家のものは絶対に手放さないし、装幀が美しいものや仕事で使えそうな本もキープ。なので、範囲はすでに時代が古くなったので「さすがにこれは役に立たないかも」のハウツー本や、犯人の動機までわかってしまっているミステリー本などに限られてきます。

そんなハウツー本のひとつ、情報整理の本を開いてみたら、それはそれでおもしろいんですね。

確かに当時の自分が知りたいと思っていた情報整理術は、パソコンにほとんどを任せ

ナンシー関
じろじろ日記
東京つれづれ草
蒲生邸事件
思考の整理学

られる今では役に立たないけれど、昭和50年代ならではの元気さや活気は、ハウツー本だからこそかえって色濃く反映されていて、ついつい懐かしく最後まで読み直してしまいました。

ただ、別に昭和50年代のノスタルジーものや情報整理の変遷史《へんせんし》を書くつもりはないので、この類《たぐい》の本は（ようやく）資源回収の仲間に入れることに。そして続けて、上下巻に分かれた海外ミステリー『スキャンダル』（ノーラ・ロバーツ、講談社文庫、1995年発行）も手に取ってみました。

これは、当時のアメリカのテレビ業界の内幕を暴《あば》きつつのロマンチックサスペンス仕立ての娯楽小説で、犯人の名前も動機もうっすら記憶していたのでパラパラ拾い読み&資源行きのつもりでした。

ところが、しばらくページを追っているうちに、以前読んだときより「おもしろいな」と感じて、つい読みふけっていたのです。背景には、この原稿を書か「ねばならぬ」と思いつつも、どこかで先延ばしにしたいという動機が隠されていたからかもしれませんが。

ヒール役にぞっこん

さて、若くて美人で性格がいいヒロインのディアンナに対して、（結局は殺されてしまう）ヒール役の女性アンジェラには、前に読んだときは「おぞましい」という嫌悪《けんお》しか感じませんでした。同情のかけらもなかったのに、今回は彼女のほうが断然おもしろくて興味深いキャラクターだと感じたので、つい読み進んでしまったのでしょう。

正直で人を信じてしまうディアンナと、裏表が激しく陰謀三昧《ざんまい》のアンジェラというイメージだったけれど、今回はトークショウの女王の座を目指して着々と追いあげていくヒロインの勢いと、自分の座を死守しなくてはならない恐怖にかられて、ますます陰険な手を使うことになるヒールの攻防が、まさに「おもしろいな」なのでした。

だますほうが悪いとわかっていても、なんでそこまでだまされる？　と若くて美しいヒロインの鈍感さを強く感じたのは、「この年になったから」でしょうか。

人の弱みを握ってそれを自分の権力に変えていくアンジェラの生き方を肯定するわけではないけれど、この娯楽小説を夢中で読み直すことができたのは、そうせざるを得なかった彼女の業《ごう》の深さの描き方が秀逸《しゅういつ》だったからなんだな、と。

そして、白雪姫やシンデレラの継母は、本当に最初から悪者だったのか、とふと思いました。娘時代もあったはずの彼女たちが「そうなってしまった」背景には、何があったのか、と。

また、『天璋院篤姫《てんしょういんあつひめ》』を書かれた宮尾登美子《みやおとみこ》さんが、自分が姑《しゅうとめ》と呼ばれる年齢になって、それまで「悲劇のヒロイン」和宮《かずのみや》の意地悪な姑としてしか描かれなかった篤姫が、実際はどんな女性であったのかを書いてみたくなったという内容の文章を書かれていたことも思い出しました。

この上下巻は、箱詰めから昇格させてもう一回海外ミステリーの棚に戻すことにしました。そして、新しい本を買いこむ前に『天璋院篤姫』を読み直して、箱詰めになっていた本の中からも魅力的なヒールが登場したいくつかの他のミステリーをピックアップして、もう一度追ってみることに。

こんな道草ばかりしていたので、はみだした本はいくらも減らなかったけれど、年を重ねた「今だから」かつてと違う「読み直し」の楽しさをもう一度味わえるわけで、忘れていた本たちと再会するのも悪くないな、と思ったのでした。

いいことだらけの「一品減らし」

食事のカウンセリング

もともと「しなくちゃ自慢」体質の私は、仕事をしていてもちゃんと食事のおかずは何品も並べるもんね！　自慢のところがあります。

もちろんデパ地下にお任せの日もあったし、冷凍食品頼みの日もあったけど、品数や量に関しては絶対にわびしい食卓にしないという主義、というかこれも「ねばならぬ」に背中を押されていたセカセカのひとつです。

料理はそう得意ではないけれど、自分が育った家の食卓では料理上手の母がいろいろなおかずを毎日並べてくれたので、出来はともかく少なくともそのくらいの種類だけは何とかしたい！　と思っていたのでしょう。

子どもたちも自立して夫婦ふたりだけの生活になっても、食卓がガランとしているのは寂しいから、それなりの品数を用意して「盛りあげて」きました。

ところがここ1～2年で、夫ともども血圧もコレステロール値も急に高くなってしまい、それでも夫のほうが心配よね、なんて軽く考えていたら、急激に女性ホルモンが減る年代の私のほうがよっぽど注意が必要との診断。で、クリニックの管理栄養士の「食事指導」のカウンセリングを受けることになりました。

受付で予約を取ったときに、一週間の食事の記録をつけて提出するための用紙を渡されたので、根が生真面目で、かつ見栄《みえ》も張りたい私は、みすぼらしく見えず栄養バランスがいい食事、これで文句はないだろう！　と自分で思う「理想的な一週間の献立」を目指して作ってみました。

たとえば、メインの肉は脂肪の少ない鶏肉のささみとはんぺん、キノコ類をバター焼きにして生野菜もたっぷり添えて、他にはつまもたっぷり添えたお刺身の盛り合わせに各種根菜に豆も加えた煮物という「理想のおかず」３品と香の物、三つ葉を散らしたかき卵汁、ただし炭水化物やアルコールは控えめにして……。こう書いていても「これでバッチリ、どっこも直されるところはない！」という感じでありました。

ところが、栄養士さんは開口一番、「バランスよくがんばっているけれど、おかずの量が多すぎます。一品減らしましょう！」。どんなに薄味にしても、おかずにはかなりの塩分が入っているから、品数が多すぎたら意味がないし、漬物や汁物も塩分の摂《と》りすぎの大きな原因のひとつ、でした。
そうか、そうなのね、もうそんなにおかずはいらない体になっていたのね。
はりきってたくさん作るのは、子どもたちが帰ってきたときだけでいいのね。

「作りすぎ、食べすぎ」防止策

「自分の食べるものをこれの上に置いてみてください」と、食べる量や種類が色分けして印刷された紙のランチョンマットも渡され、それを見るとはっきり「作りすぎ、食べすぎ」とわかりました。

市販の加工品のおかずまで並べなくても十分必要な摂取量は足りているし、魚と肉の両方は必要ない。鶏肉よりは脂身《あぶらみ》の少ない豚肉がよりオススメで、海藻（特にヒジキ）をもっと摂りましょう！　朝はご飯でもパンでもしっかり食べて大丈夫。ただし佃煮《つくだに》や明太子《めんたいこ》、ジャムやマーマレードの量に気をつけて。はんぺんなどの練《ね》り物はかなり塩分が多いです。それと、ほおばって急いで食べるのはやめましょう。

あの栄養士さん、うちの食事風景を覗き見したことがあるのかと、一瞬思ったほどでした。

でも、一品おかずを減らし、たとえばキャベツは肉と炒めたりコールスローにしたりしないで、サッと茹《ゆ》でて（ちょっと高いけれど香りのいい）ごま油をタラリとかけて食べることにする。大好きな練り物や魚卵類はできるだけガマンして、乾燥ヒジキを常備しておき、地味な色合いのおかずながら「これも一品」と味わうようにする。そんなふうにしていたら半月ほどで体が軽くなり血圧や体重も低め安定、体調がよくなってきたのです。

とはいえ、やっぱり食卓が視覚的ににぎやかなほうが好きだから、カラフルで大きめなお皿のまん中におしゃれに盛りつけたり、薄い味付けなので薬味は何種類かを用意して、それぞれをかわいい器《うつわ》に彩《いろど》りよく、というような工夫をしているわけです。

今晩は、焼き魚と、白菜や春菊も入れた湯豆腐にしたので、グリルに入れず網でじかに魚を焼く手間もかけられます。ポン酢ももらった柚子《ゆず》をしぼって手作りに。そして小ぶりの土鍋《どなべ》がテーブルのまん中で湯気を立てている……シンプルな風景も「今だから」こその味わいです。

作る量も少なくしたので、残り物が出ず、食後の片づけもラクになりました。

今のところ、いいことだらけの「一品減らし」なのです。

「ピアノの気分」な日

手持ちぶさたな夕暮れ時には

娘がひとり暮らしをはじめてから、ピアノの弾《ひ》き手がいなくなってしまいました。

リビングの白い壁に合わせて購入した白いピアノは他の家具とも調和していて、私自身も気に入っているけれど、楽器としてはもう過去のもの、どうしたもんか……と。ピアノは娘が弾くために買っただけで、私は管理人みたいなものでした。

つまり楽器店に委託された調律師から一年に一度電話があって、やって来る時間帯には家にいるようにして、終わったら支払いをする。後は、ピアノの埃《ほこり》を時たま払うくらいの気楽な管理人です。管理人としては、白いピアノは広くない部屋を圧迫しないだけでなく、黒いピアノより埃が目立たないのも、ラッキーでした。

夕方、以前より簡単になった夕食準備のため、歩いて5分ほどの仕事場から自宅に戻ります。家事だけでなく、書く仕事も以前ほど詰めこまないようにしているけれど、それでも翌日に外出の予定があったりすると、おでんやポトフなどを煮こんでおけば、翌日の時間繰りがよりゆったりラクになるので、そうする。

明日のための材料を鍋の中に入れて火にかけても、本日の夕食用の鮭《さけ》のムニエルを焼くには早すぎるし、炊飯器はタイマーで「あと30分後」に炊きあがるという表示が出ています。その瞬間、手持ちぶさただな、誰もいないしつまらないな、と思ったんです。

もちろん、テレビの電源を入れて夕方のニュース番組内の「レディースランチお得情報」や、「野球選手とタレントの熱愛報道」を見ていれば、あっという間に気がまぎれる程度の手持ちぶさたですが、何か「テレビじゃない気分」だった。

で、ふとピアノの前で立ち止まりました。

弾けるようになりたくて

気楽な管理人は、そろそろ今年も調律の電話がかかってくる時期だな……と思った後、何気なくピアノの蓋《ふた》を開けて椅子に座ってみました。ポロリポロリと右手で鍵盤《けんばん》に触れてみたけれど、メロディにもなーんにもなりません。多分「ネコふんじゃった」なら弾けるだろうけど、夕方のリビングで「おとなの『ネコふんじゃった』」は哀しい。

しばらく白と黒の鍵盤を眺《なが》めているうちに、ちょっとピアノを弾けるようになりたい……と思ったんです。というわけで、次に娘が「ああ、うちの匂い」と言いながら玄関を上がってくるチャンスをねらって、彼女が幼稚園の頃に習っていた「ピアノ小曲集」を渡し、「ママが弾けそうな曲、ちょっと教えて」と頼んでみました。

「これ、まだ取ってあったんだ。ママやおばあちゃんはやっぱりこういう『懐かしい系』のものは捨てない派だよね。あっ、えりこ先生がつけてくれた花丸が残ってる！」

ロングロングアゴー（バイエル60番程度）とドイツ民謡（バイエル70番程度）の2曲。娘がお手本に弾いてくれました。どちらも20年以上前、彼女が練習していたときに付き添っていたので、耳に残っていてスーッとその頃に戻った感じ。右手はなんとか動いたけれど、やはり左のほうはぎごちない。でも、次第に音がしっかりしてくるのが嬉しくて、あっという間に1時間経っていました。

ピアノのおかげで「ちょっと手持ちぶさた」な夕暮れ時のひとりの時間が豊かな気持ちで過ごせるようになりました。そのあとの数曲は、少し長めだったり急にテンポが変わったりで「娘からの花丸」はまだもらえていませんが、あのときいつもの習慣でテレビをつけずに、ピアノの蓋を開けてみてよかったな……としみじみ思っているところなのです。

「ゆるいモノサシ」で自分を見る

「自己評価」を背骨に

若いんだから当たり前だけれど、娘時代は人からの評価が気になって仕方ありませんでした。特に、恵まれた容姿やきれいな声、さっそうと走れるというような「外に見える」わかりやすい美点がないことが、つらく悔《くや》しかったんです。

ただ、自分は若くて未熟なのだから「これから」だし、今は自分より評価されているクラスメイトも「いつか見返すつもり」と思っていました。

いい評価をもらってちやほやされなかった分、嫉妬《しっと》されて故意におとしめられたりする目にもあわなかったので、今軽くまとめれば、本人なりの意地や葛藤《かっとう》はあったものの、ごく当たり前で平和な娘時代だったということでしょう。

そして、「いつか見返すつもり」だった生意気な女の子も、だんだん時が経つにつれ、自分のしたいこととそうでもないことがわかってきて、人それぞれの役割や価値があるのを知るわけです。そのうちに誰を何で「見返す」のかもおぼろげになりました。

その頃には女の子を卒業し、教師としての生活がスタートしていたのですが、今度は「生徒を評価する」という難題も生まれていました。そんな中、以前なら素通りしていた「生き方本」のコーナーで「人の評価より自己評価が大事」と書かれた一文を見つけ、二重に救われた気がしたのです。

新米教師として生徒や先生方からどう評価されているか、という以前からのしんどさに加えて、経験の少ない自分がより若い女の子たちの能力や生活態度を評価する、という大それたこともしなくてはならないのですから、気が休まる暇がありません。

そんなときに「自己評価」という救いの言葉を見つけ、本当に助けられたのです。担任しているクラスの子たちには「人からの評価って耳が痛いしつらいけれど、自分で自分を評価し認めてあげればいくらかラクになるって、私も最近わかってきたところ」と正直に話しました。

そして美術の最初の授業でも「美術で5をもらえなくても、その評価は私限定のものだから、私が見逃してる本当の天才は3の人の中にいるかもよ。ただし5をもらえたら、課題の意味をよく理解してちゃんと提出日を守ったご褒美《ほうび》だと思っていい」と言っていた記憶があります。

それが正しかったかどうか、というより、私自身が人からの評価に苦しんだり傷ついたりしていたから、彼女らをできるだけ傷つけたくなかったんです。少なくとも、絵が好きな生徒を自分の授業で「美術嫌い」にだけはしたくなかった。

以来ずっと変わらず今日まで、私にとって「自己評価」は生きていくうえでの背骨になってきた気がします。これまで書いた本も、アプローチの仕方はいろいろありましたが、「自分で自分を評価できればいい」という点では一貫していたかな、と。

根底には、依然「人からの評価」に傷ついたり悔しがったりする（女の子な）自分が隠れ住んでいて、その自分を守るための「自己評価主義」という側面があるのかもしれません。

人からの評価をおもしろがることも

すっかり前置きが長くなりましたが、おとな歴もここまで長くなった今、ちょっとこの評価について違う立ち位置もありかな、と思いはじめました。

それが「評価をおもしろがる」ということ。

人からの評価は、あまり深刻に考えずにおもしろがってもいいのかな、と。

「人気ランキング」や「○○にしたい（したくない）ベスト10」みたいなものが溢《あふ》れている時代、自分がどこからどう評価されても、それはそれで「なるほどね」と感心すればいいし、ちょっとした話のネタにできれば儲《もう》けものですから。

で、最近人からどう評価されたか（思い出せる範囲で）並べてみると、いい評価の順に「テニスが上達した」「体は小さいけれど声は堂々と大きい」「それでもせっかち」「ときどき背中が丸くなってるよ」でした。

誰からの評価なのかはあえて書きませんが、どれも「なるほどね」で、よく見ているなと感心、興味深い結果です。背中の丸みだけは気をつけようと思いますが、後は別にこのままでもいいかな。

ピアノをン十年ぶりに弾いてみたのも、「挫折《ざせつ》したお稽古事《けいこごと》ランキング」に入っているせいもあるようです。昔からの友だちには「えっ、昔バイエルをドブに捨てたあなたが、60近くになって今さらバイエル60番？ ハハハ酔狂《すいきょう》」と笑われたけど、「ハハハほんとにね、おもしろいでしょ」と笑って返せる余裕だけは長年生きてきたからこその賜《たま》物《もの》？でしょうか。

そう言ってる本人だって、どうも「脳トレ」を兼ねて漢字検定の3級を受けるらしい。

「落ちたらお笑いだけど、受かったらちょっと天狗《てんぐ》になるかも」と言うので、「天狗になるのは、せめて2級に受かってからね」と切り返して、久々に似たもの同士の元クラスメイトを「見返した」女の子な気分になりました。

おすすめの「温泉ごっこ」

「温泉行きたい」病はあるけれど

以前は、口癖のように「ああ、肩凝《こ》った、日頃のご褒美に温泉にでも行きたい。おいしいものたくさん食べて、好きなときに好きなだけお風呂に入って、の一んびりしたい」と言っていました。

で、なんとか時間を作って出かけたけれど、実際に温泉に行ってみると、期待していた「の一んびり」にはほど遠い自分になってしまうんです。

念願の温泉旅館なので、「の一んびりしなくちゃね」の自分と「十分にもとを取らねばならぬ」の自分のせめぎあいで心が乱れ、気疲れしてしまう生真面目、貧乏性なのでした。

たとえ1泊でも、趣向を凝らしたお風呂は全部制覇《せいは》したいし、できれば何度も入りたい。凝った盛りつけがされ、ずらりと並んだ山海の珍味も残したくないといった欲望に、今の体力や胃袋がついていかないんですね。

じゃあ、２〜３泊して、ゆっくり寛げば……と思っても、旅館の２泊めの夕食はもう新鮮味が薄れ、一緒に行ったのが家族ならそれぞれのわがままが出てくるし、気のおけない友人とでも１日目の夜の盛りあがりに比べて、気疲れのほうが勝っちゃう。

まあ、「楽しいことでも疲れる」ものだし、大きなお風呂に浸《つ》かって家事全般から解放されるとリフレッシュするから、結局は「それでも行ってよかった、次はどこの温泉に？」と思うんですが。

「次はどこ？」と考えて、想像している段階の温泉が、湯気の向こうで輝いているいちばんの癒《いや》しの存在なのかもしれません。

そんなわけで、最近は前よりは「温泉行きたい」病が軽くなりました。

ひとつには、自宅で以前より気ままにお風呂に入ることを「そのくらいの贅沢《ぜいたく》はいいじゃない」と（生真面目な）自分に許したから。

日曜の今日は、すでにお昼すぎに１回目のお風呂に入りました。

勝手に名前をつけるのは私の得意種目のひとつ、で単なる家風呂だけど「昼すぎ温泉」と命名して、ひとり盛りあがりました。いろいろな種類の「温泉の素」の袋が並べてある籠《かご》の中からトランプの札のように「えい！」とひと袋引いて、その日の「昼すぎ温泉」の色や香り、効能などが決まるという次第。今日は「熱海の湯」です。

「夜更け温泉」の演出

休日だけれど珍しく連載のエッセイの仕事をするため、ひとりで家にこもってパソコンに向かっていたので、「人気《ひとけ》のない温泉に湯治《とうじ》に来た女流作家」のつもりになってみたのです。

女流作家に出す早めの夕食は、調理場担当の自分が、炊きこみご飯と鰆《さわら》の焼いたの、ほうれん草のお浸しを用意しておき、「昼すぎ温泉」のあとおいしくいただきました。仲居さんの自分が食器を下げたあと、エッセイは順調に進み、こうやって再びこの本の原稿を書いているわけです。

せっかくなので、最中《もなか》とポットに入れたほうじ茶も、仲居さん（笑）に用意しておいてもらいました。

そして、第1章ラストのこの原稿が書き終わったら、もう一度今度は「夜更《よふ》け温泉」に入るつもり。その際には、お風呂場の電気はつけずに、洗面所から漏《も》れてくる灯りとこの間もらったアロマキャンドルだけにして、ゆっくりぬるめのお湯に浸かってみよう

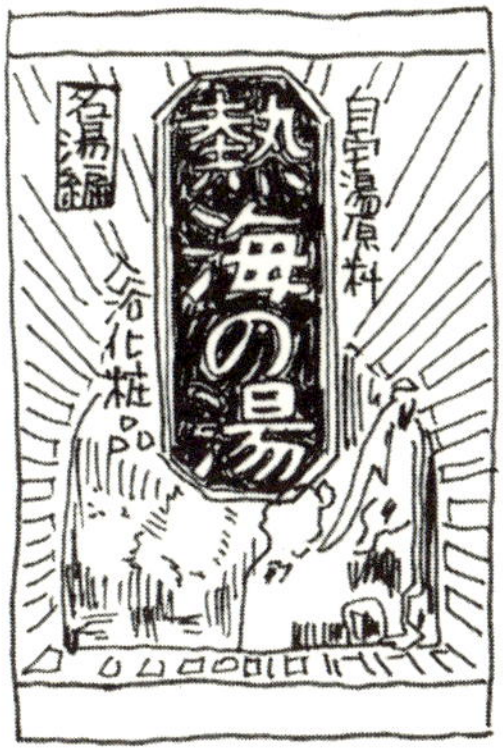
名湯編
熱海の湯
自宅湯原料
入浴化粧品

自宅湯原料
箱根の湯
名湯編
入浴化粧品

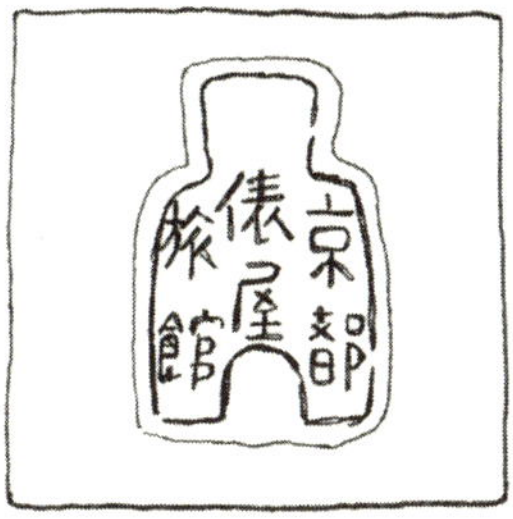
京都
俵屋
旅館

TE' VERDE
L'ESSENZA DI FIRENZE

かと。

ただし、「夜更け温泉」のお風呂場では、すべって転ばないように十分に気をつけます。


ここまでキーボードを打ったところで、メールの着信音がしました。あまりの偶然に驚いたんですが、なんと友だちから箱根の温泉へのお誘いメール。「大丈夫だと思う♪それにしても、今温泉の原稿書いてたの、知ってたの？」と返事を出しました。

自宅の昼すぎ&夜更け温泉も悪くないけど、やっぱり箱根に行くの、楽しみです。

第2章 「好き」を道づれに

「遊び心」足りていますか？

「3つだけ」遊び

同世代の友だちと会って喋《しゃべ》っていると、話の内容はついつい自分たちの体調の悪さや家庭内のグチ、そして（その日は来ていない）共通の友人にまつわるいざこざ話……などに流れていきがちです。

それはそれで、十分ガス抜きになるから「決してそういう話はしない」なんて堅いことを言うつもりはないけれど、せっかくいつもよりお洒落《しゃれ》もしておいしいレディースランチを食べているのに、ちょっと遊び心が足りなくなっているかな、と思ったのでした。で、次にそういったランチの機会があったら、コレステロールやほうれい線や介護とは少し違う話題で盛りあげてみたいと思って、「3つだけ選ぶゲーム」というのを作って持っていったのです。

そこで、集まった（私以外の）ふたりに「これから私が渡す紙に書かれた項目に答えてよ」と切り出してみました。私の職業柄か、「ねえねえ、何か雑誌のアンケートで頼まれたの?」とか「書いている本のネタにするの?」なんて口々に聞いてきたのですが、小さなメモ用紙に書かれた項目を見た途端、「ハハハこれじゃ、仕事にはならないか」「もしかして、新種の心理テスト?」。

その項目は、これ。

①デパートで「店内のもの3つだけただで差しあげます」と言われたら?

②一日ずつ計3種類の「体験コース」どんなことでも無料OKと言われたら?

現実がしんどいときに

ひとりめの友人、Aさん曰く——

「さすが『夢ノート』のナカヤマヨウコだわよね、おもしろい。①はねー、商品券は当然ダメなんでしょ、貴金属も夢がないしね。私はやっぱり最初はシャネルかグッチの服かな。バッグなら『10年も持てばもとが取れる』なんて言いわけすればハイブランドでも買えないこともないけど、ドレスまでは手が出ないから。あと、寝室の収納家具。大きな家具売り場もあるデパートでしょ? うーん、残りひとつかぁ。やっぱり主婦的には食料品売り場に行っちゃうよねー、松坂牛のいちばん大きい桐の箱に入ったの! で

②のほうだけど……」
　すると、もうひとりの友人Bさんが――
「ちょっと待って！　デパートのお買い物、私まだしていないんだから。あなた食器売り場は行かなかったから、そっちにしようかな。前から欲しいティーセットがあるのよ、ジノリので。あれでおいしい紅茶淹《い》れて皆呼びたいから、フルセットで。セットはひとつと考えていいんでしょ？　で、それを載せるすごーく豪華なテーブルクロス……よりテーブル買ってもいいんだ。うちのリビングに入りそうなので、いちばん高級な木製のテーブルにする！　あと、フローリストも入ってる？　とりあえずそこのいちばんゴージャスなバラをひと抱え分。で、ヨウコさん、自分はどうなのよ」
　Aさん「その前に、体験コースだけど、ひとつは3人で行くことにしない？」
　Bさん「そうねぇ、かけ流し温泉&焼き物体験コースとかは？」
　Aさん「ちょっとありきたりだけど、まあいいか。あとふたつ、私は……、ホテルのエステとフレンチ食べ放題コースでしょ、あとオペラ鑑賞をS席で、あっアウトドア系を忘れた」
　Bさん「私はもう決めてるんだ、一日目は本格イギリス紅茶のお教室、次の日はハン

ググライダーを習ってみたい。この落差がいいでしょ」

水を向けた立場の私の入る余地がないほど、終始ふたりで盛りあがってくれたのですが、なんだかそのイキイキと若やいだやりとりを聞いているだけで、こちらも元気になってきました。

ちなみに、私が「選んだ3つ」は、
①李朝《りちょう》のタンス、エルメスの旅行鞄《かばん》を大小ふたつ
②美術館めぐり（カリスマキュレーターのガイド付き）、ウィンブルドンテニス観戦
ふたりからは「なんかラインナップに華《はな》がないし、ウィンブルドンは往復考えたら一日じゃ無理じゃない」と、辛口のコメントをもらっちゃいました。

で、そのあとふたりから出るわ出るわ、「3つだけ選ぶゲーム」。

「誰かの顔のパーツと3カ所だけ替えられるとしたら」「3人の有名人のお宅に呼ばれるとしたら」「エスコートしてほしいイケメンベスト3」などなど、ガールズトーク炸《さく》裂《れつ》の内容に。

これらの答えについては、本当に原稿に書いていいのやら……の内容になってしまったのでまたの機会に譲《ゆず》ります。が、帰りぎわにいちばんはしゃいでいたAさんがコート

の袖に腕を通しながら「久々に、娘時代に戻った感じで楽しかった。ここ何年も『もし何々ができるとしたら』なんて考えることなかった。現実がしんどいときは、このゲームやってみるね、ありがとう」としみじみ言ってくれたのが、とても印象的でした。

「ゆかりとめぐり」で旅を

歴女の言い分

「ゆかりとめぐり」、ひら仮名で書いたので、女の子の名前みたいですが、漢字にすれば「縁と巡り」、だんぜんシニアっぽくなりました。

とはいえ、最近はあらゆるシニア分野、たとえば鉄道に山登り、神社仏閣や歴史的遺産めぐりなどに若い女性が進出してきて、うかうかしていられない反面、「華やぎがあっていいかな」と、おじさんみたいに呟《つぶや》いているところなのです。

もともと、旅にはこのふたつがつきもの。

観光バスの中で「左手には○○公ゆかりの」というガイドさんの言葉を聞けば、反射的に座席から伸びあがってそっち方向を熱心に見てウンウンとうなずいてしまいます。

また、大河ドラマや人気時代小説のおかげで、登場人物にスポットが当たると、それまでひっそりとしていた生誕の地が、その人の「ゆかり」の地を「めぐる」コースの新たな目玉になる場合も。

旅行業者や「○○饅頭《まんじゅう》」を売り出したいお土産物店の思惑《おもわく》、町おこしや地方の活性化といった話はさておき、何かのきっかけで興味を持った誰かの「ゆかり」の地や建物を訪ねたり、その好奇心をバネに「めぐり」にまで発展させるのは、文句なくおもしろいし楽しいものです。

ただ、自分にもその傾向があるけれど、たいていそういう類《たぐい》の「ゆかりとめぐり」の場合は、歴史なのに「今が旬《しゅん》かどうか」をつい意識しちゃう。

次の大河ドラマが始まれば「ゆかりの主役」は交代し、もう大半の観光客は「そっちのゆかりの地」に移動してしまう。もし翌年も引き続いて「○○饅頭」を売るつもりなら、本当においしくないとね、ということになりますよね。

ただ、こういう一過性の話題から時をおいても「ずっと気になる」とか「すごく好きみたい」という歴史上の人物や事柄が生まれたら、ちょっと追っかけをやってみたい。

たとえば、一口に「戦国時代好き」と言っても、「織田信長《おだのぶなが》ファン」や「石田三成《いしだみつなり》マニア」もいれば、「下剋上《げこくじょう》の勢力変化やかけひきがたまらない」人や「まず城ありき」という人もいるでしょう。

かつてはおじさんたちが独占していたこの時代、今は「歴女」たちがよりマニアックに歴史の教科書には登場しなかったマイナーな武将の「ゆかり」を追いかけて「めぐり」をやっているようですし。

歴史の流れに詳しいのもたいへん素晴らしいし、その時代のその人限定も楽しい。

私にとって日本の歴史上の人物トップアイドルは、ずっと「聖徳太子《しょうとくたいし》」でした。以前はそう言うとフフフと軽く笑われたり「変わってる」という顔をされたものですが、この間銀行の待ち時間に読んだ週刊誌によれば、今は彼も歴史上の人物の人気ランキングで上位にいるらしく、ちょっと口元がゆるんでしまいました。

女性同士の会話でも、歴史上の人物から話が弾《はず》むことも多いのです。

最近では、ふとした話の流れで友人が「赤穂浪士《あこうろうし》のことなら私に任せておいて」だった事実を知り、興味深い話をしたりちょっと不思議な「ゆかり」を感じたりしているうちに、気づいたら何時間も経っていたので驚いたことがありました。

次に会ったときには、お互いに（相手のアイドルである）聖徳太子と赤穂浪士のことも調べはじめていることがわかって、それもまた楽しかったです。

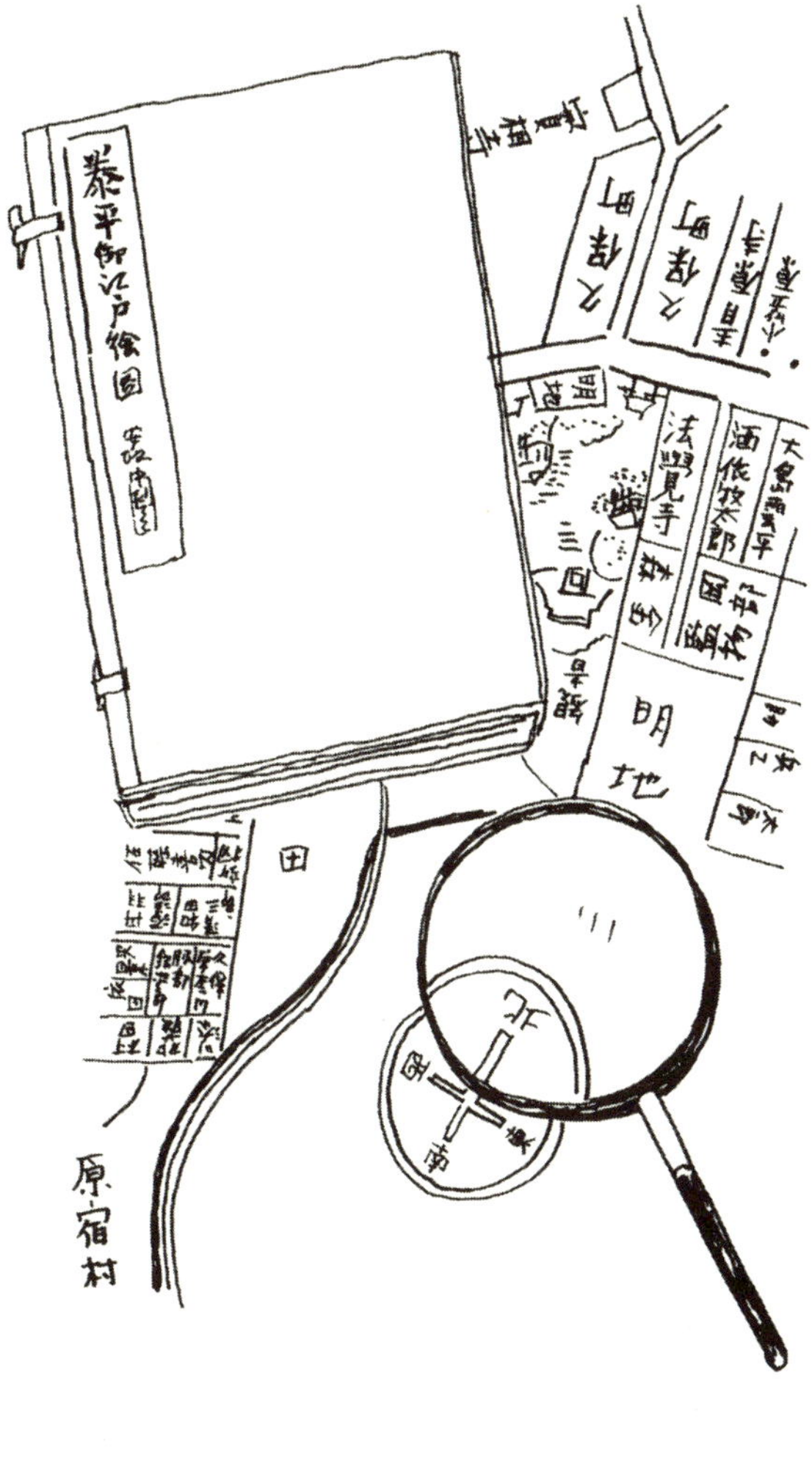
泰平御江戸絵図
明地
原宿村

古地図のたのしみ

彼らのようにドラマチックで偉大な人物にとってのゆかりの地だけでなく、たった今自分たちが暮らしているその土地にも、「誰かが何かをしていた」歴史が綿々と続いています。

十数年前、神田の古本屋で江戸後期のものらしい絵図を手に入れたことがありました。決して高いものではなかったので、オリジナルではなく復刻されたものかもしれませんが、今の土地に引っ越してきて間がなかったので、「昔のこの辺」が載っている地図がほしかったのです。

家の前は、公道とはいえ車2台がすれ違うのはかなり厳しいくらいの細い道であり、かつ200メートルくらい進むと大きな道路に出る手前で行きどまりになってしまうのが不思議でした。

その古地図では今の青山墓地全体が青山家のお屋敷内で、その縁《へり》に細い道があり、それに沿うように細かく縦割りされた小さな区画のひとつに「小林右衛門」と筆書きされた箇所がありました。

どうも右衛門さんの家のそのまた右半分が今のわが家の建っている場所らしく、ちょっと興奮。

そうかここには、青山の殿様に仕《つか》える右衛門さん一家が住んでいたんだ。

それからしばらくは、朝のゴミ捨てのあとにその古地図を手にしては、青山家ご家来宅跡めぐりを楽しみました。そのおかげで、この土地に急速に親しみを感じるようになったのです。

「ゆかりとめぐり」語呂もいいので、これからも自分のやり方で味わっていくつもりです。

「人生味わい放題パスポート」の使い方

楽しい口実を作る

「ゆかりとめぐり」は旅するためのいい口実になります。

単に「骨休めの旅」でも一向にかまわないんだけれど、やはりそこに「ゆかりとめぐり」があると、留守にする口実として家族を納得させやすいし、友だちも誘いやすい。なにより自分自身のフットワークが軽くなるのです。

「歴女」もそうですが、韓流ファンの人が、新大久保めぐりをしたり、好きなドラマゆかりのロケ地を訪ねる韓国ツアーに参加する、などというのも楽しい口実の例でしょう。好きになるとあれこれ「知りたくなる」のは、ごく自然なことですから。

ある友人は、ごひいきのアーティストのコンサートツアーは日帰りできる近くの会場のチケットでなく、まだ行ったことのない遠くの会場のチケットを取るそうです。もちろん家族（特にご主人）には「近くは取れなかったんで」を口実にして、コンサートのついでにその土地のおいしいものを味わう旅も兼ねちゃうの！　と言っていました。

　また、めでたく世界遺産検定に合格した友人は、せっかくがんばって獲得した知識をより血の通ったものにするという「楽しい口実」を作って、晴れて「世界遺産」めぐりを始めました。

　まだ国内限定ということですが、いずれは、世界一「世界遺産」の多いイタリアに長期滞在したいらしいので、そのときのために私も「美術史なら教えられることあるから、一緒にどう」と売りこんでいるところです。

　本音《ほんね》の本音を言えば、その旅は「家庭や仕事、いろいろなしがらみでストレスが溜《た》まっていて、遠出でもして発散しないとやってられない」という理由だったとしても、こういう楽しい口実にして出かけるほうが、断然賢《かしこ》いと思うんです。

人生はテーマパーク

　私も、かつては楽しい口実を作るのが下手《へた》でした。

　というより、言いわけや口実の類はシリアスなほうが価値があると決めつけていたので、楽しい口実で出かけて、家族やまわりから「ハイハイ、楽しそうでよかったね、いい気なもんだ」と思われたくなかったんでしょう。

実際にそう言われてイヤな気分になったことがあったからというより、自分でそんなシチュエーションを勝手に想像して勝手に回避した、というのが本当のところです。

そういうメンタル面は、明らかに子どもっぽかったです。

見方を変えれば、まだまだお気楽に生きていられたゆえでしょう。

それが、現実にシリアスな問題が起きたとき、人はシリアスな理由で行動する自分をさらけ出したくないものなんだと痛感しました。

また、人には本当の理由に触れられたくないときは「気楽な理由を考え出す知恵」があることもわかりました。

できれば単なる「強がり」ではなく、肝《きも》のすわった「おもしろがり」になりたい。

そして「人生はテーマパーク、次のアトラクションはいったい何？」と、考えたい。

せっかくこの世に「人生味わい放題パスポート」をもらってやってきたのだから、いろいろなタイプのアトラクションを「もとを取る」つもりで味わえばいいのです。

「楽しい口実」をあれこれ作るのは、これからシリアスなアトラクションがやってきても、正面からぶつかるだけでなく、かわしたり、うっちゃったり凌《しの》いだりと多様な技《わざ》を持っているほうが生きやすいとわかっている、おとなならではの工夫と言えるでしょう。

謎は謎のままでも

R氏の書斎

やや遠方の親戚で法事があり、珍しく在来線の始発の急行に乗りました。最近は新幹線に乗る機会のほうが多いので、なんだか「気まま旅」という感じがして新鮮。

空いている車内でゆっくり文庫本を読んだり、普段は通過してしまう駅の名前を眺《なが》めたりしながら寛《くつろ》いでいました。

そんな駅のひとつから、60代半ばといった感じの男性がひとりで乗ってきて、通路をはさんだ斜《なな》め前のボックスシートに座りました。以降はその人の行動がおもしろくて、ついつい見入ってしまったんです。

ややシルバーが勝《まさ》った髪はさっぱりと短く、年齢にしてはスリムな体に紺のジャケットとグレーのタートルネックが似合っている彼を、仮にR氏と名付けることにしましょう。

Ｒ氏は、足元に置いた大きな黒い鞄からよく使いこんだ焦《こ》げ茶色の革のカバーがかかったノートを取り出し、ペンケースと眼鏡《めがね》ケースも出して自分の前のテーブルに置きました。隣の空席のテーブルにも辞書と定規《じょうぎ》を置き、眼鏡をかけるや広げたノートに定規を当て鉛筆で線を何本も引きはじめたのです。

揺れる電車でノートに線を引く人を見たのははじめてだったし、最近はあんなに厚い辞書を持ち歩く人もまず見かけないので、ちょっとビックリしました。

でも、車内でパソコンやｉＰａｄを広げている画一的なビジネスマンとは違う自由な匂いがあり、かつ年齢からくる落ち着きも感じられ、その空間だけ移動する「Ｒ氏の書斎」と化していて、見ているこちらも楽しくなってきたのです。

好奇心のままに

見開きページに線を引き終わると、辞書を広げ今度はペンで何やら書きこんでいます。サラサラと書き進む感じはどう見ても日本語の動きではないようで、もしかしてドイツ語？　するとドクター？　やっぱり英語？　なら翻訳家？　それともイタリア語？　じゃあデザイナー？

でも、さっきはなんで定規と鉛筆で線を引いていたんだろう。まちがって罫《けい》のないノートを買ったのか、それとも罫が細すぎたから一段おきに引いたのか、あるいは罫が薄かったのか。

近くの席で、怪《あや》しい中年女性があれこれ探っているとも知らず、しばらくは熱心に書きこみを続けていたのですが、大きな鞄にノートや辞書をしまった後、次に鞄から取り出したものを見て、再度ビックリ。

カップと保温タイプの大きな水筒、紅茶のティーバッグをテーブルに置き、Ｒ氏のティータイムとなりました。

どうしても、そのティータイムの様子が見たいので、網棚に載せた荷物を（用事もないのに）下ろすふりをしつつ、観察。

いつの間にやら、ちゃんと膝《ひざ》の上にはハンカチが。

いやー、ほとんど杉下右京《すぎしたうきょう》（テレビドラマ「相棒」の主人公の警部）だ！

私には推理力はないけれど、あの自然なお茶の飲み方と寛ぎぶりからすると、彼はきっと週の何日かは空いているこの列車で通勤し、今日と同じようにあの席を書斎にしていると思われます。

降車駅から10分くらいのところに、研究室かオフィスかアトリエのどれかがあって……降りる時間から逆算しての、線引き&ゆうゆうのティータイム、うーん何者なんだ……中途半端な妄想《もうそう》が膨《ふく》らみます。

もし私が、本当の「気まま旅」の最中だったら、R氏の行動を逐一観察し、降りる駅まで確認したかったけれど、残念ながら法事に遅刻するわけにはいかないので、彼のその後の行動を見届けることなく、もちろん正体を知ることもなく先に急行を降りることになりました。

本当に残念……でした。

でも、ここに謎のR氏の行動を書いているうちに、気がすんだみたいです。

ときめきスクラップ

あのときのアイドル・ファッション……

最初にスクラップを始めたのは小学生の頃だから、スクラップ歴は50年近く……いや、もうすでに越えたかもしれません。

その間にスクラップ帳も切り抜く雑誌の種類も変化してきたけれど、ずっと共通しているのは、役立つかどうかの実用性より、そのときの自分が夢中になれる「ときめき性」を基準にグラビアや記事を切り抜いてきた、という一点なんです。

中学生の頃はもちろん、当時ときめいたアイドルの写真や記事のスクラップがメインでした。グループサウンズがストライク世代なので、コスチュームも華やかでスタイリッシュなザ・タイガースの写真をコラージュして出来映《ば》えに満足していました。

ただお小遣いの多くが雑誌代に費やされたので、肝腎《かんじん》のレコードが買えない私はクラスメイトから「そんなの本当のジュリーファンじゃない」扱いされたことも。

高校生になると、私服ではこんな格好をしたいというファッションスクラップがメインになりました。「高校生がお化粧なんてとんでもない！」という時代だったので、お姉さん雑誌のメイク特集や外国の映画ファッションをスクラップしているときは、ちょっとおとなになった気がして、ときめいたものでした。

そして、スクラップを作りデッサンの練習をしながら東京生活を夢見ていた高校生から、ひとり暮らしをして絵の学校に通い、はじめてアルバイトもして、渋谷で映画を見て、神田で古本屋をめぐり、原宿で買い物をして、夜の新宿の街を歩き……と一気にリアルな自由に身を投じたあの4年間だけは、たくさん絵は描きましたが、スクラップは作らなかったんです。

そして、また「ときめきスクラップ」をする時期がやってきました。

スクラップに込めた「自分」

いちばんなりたい「イラストレーター」になれず（というより、チャレンジする勇気もないまま）郷里に戻って教師になったその瞬間から、スクラップしている時間だけが「自分の夢」をつないでくれると感じていたのかもしれません。

教師時代のスクラップは学校の美術準備室で丁寧《ていねい》に作ったせいか保存状態もよく、今

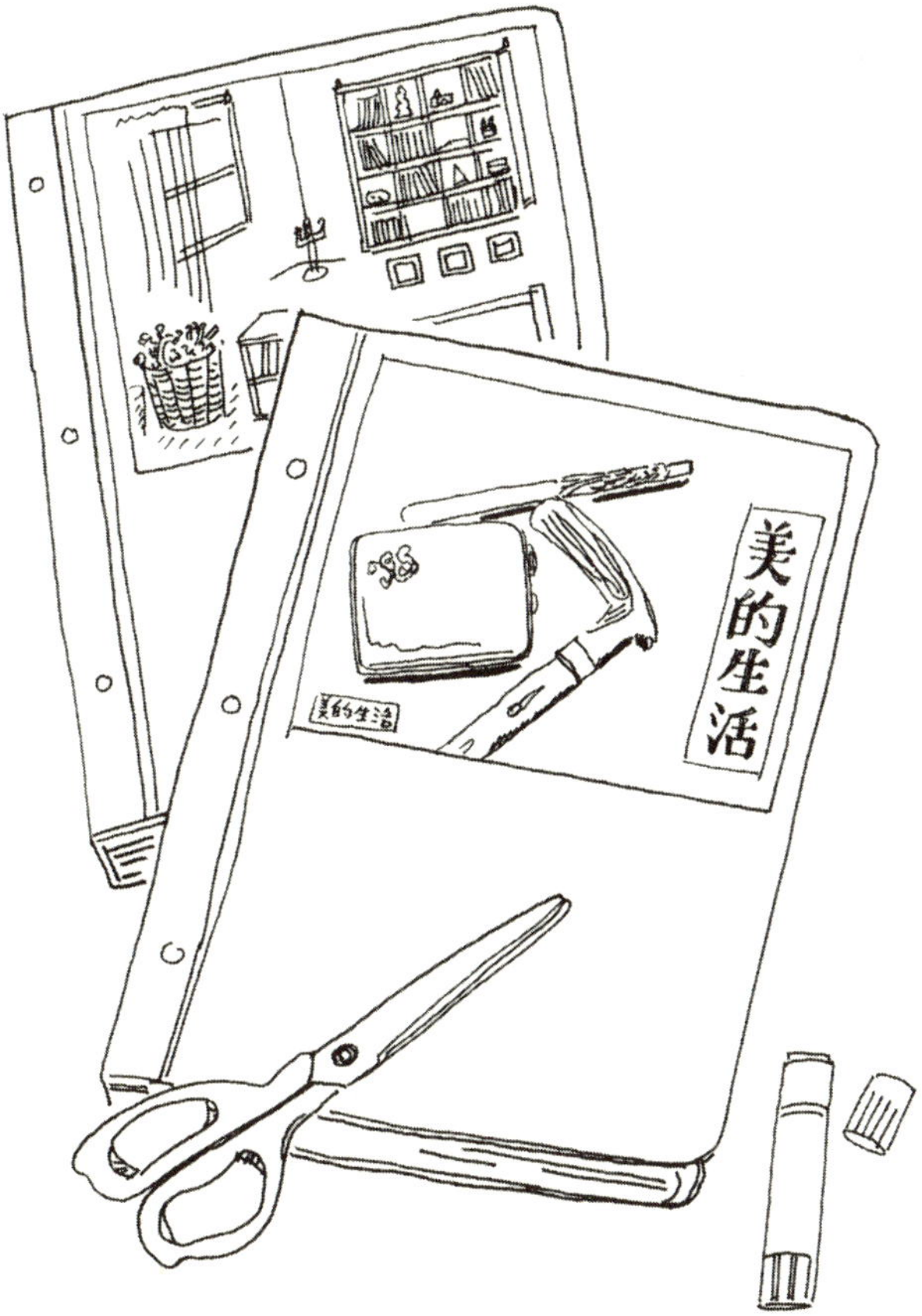
美的生活
美的生活

読み返してもとてもよく出来ています。ラッキーなことに、当時の司書の先生にお願いして、処分予定の雑誌をたくさん分けてもらえたので、写真も内容も充実しているのです。

「なりたい自分」「ほしいもの」「したいこと」が抱えきれないほどある時期だったので、ときめきスクラップに貼ることに熱中できたとも言えるし、見方を変えれば「なりたい自分になれない」「ほしいものが手に入らない」「したいことができない」という渇望の時代でもあったということです。

37歳で教師をやめたあとは、それらのスクラップを実際に活用できる仕事につけるよう、なんとかがんばりました。

どうも、現実の境遇に満足できていないときは真剣にスクラップを作り、そのスクラップがヒントやバネになって、次に進むための行動に結びついてきたようです。そして、スクラップしないときは、外に向かって表現するのに忙しい季節なのでしょう。

今思うのは、これまでのどっちの自分も悪くなかったな、ということです。

最近のときめきスクラップの内容ですか?

それは、これからこの本のあちこちで活用されるはずなんですが。

「おとな旅」のたしなみ

眼鏡に薬にスニーカーに……

いろいろな旅に出かけるための「楽しい口実」作りは巧《たく》みになってきたものの、荷物をまとめる一回一回の手間は、確実に何年か前よりかかるようになりました。

出先で「快適」に過ごすため、と言うより「普通」に過ごすための最低限の荷物、この準備がけっこうたいへんなんです。

まず、眼鏡の中からどれとどれを持っていくか？

かなりの近眼で老眼も進んでいるので、いろいろなタイプの眼鏡が必要です。

手持ちのものを列挙すれば、普通の近眼用、遠近両用、パソコンを打つときにラクな中近両用、リーディング用の老眼鏡、近眼の（ワンデイの）コンタクトを入れたとき用の老眼鏡、近眼の度入りサングラス、コンタクトをしたとき用の度なしサングラス……。

昔と違って、眼鏡自体はそう高額でなく作れるので、こんなに種類が増えてしまったのですが、近くも遠くも（もちろん中間も）裸眼ではよく見えないんだから、仕方がありません。

で、どの眼鏡が必要か、がその旅の荷物の最優先事項になるわけです。

景色や建造物をはっきり見たいし、案内板も見えないとたいへん。でもパンフレットや本も読みたいし、当然メモも書くし携帯のメールも打てないと困る。で、コンタクトがいちばんはっきり見えるけれど、本を読むにはやはりリーディング用の老眼鏡がいちばんラク、となるとどれとどれ？

なんとか眼鏡は3種類にしぼってネルの袋に収め、コンタクトも日数分。次は薬です。常備薬の錠剤は日数に合わせて、六つに仕切られたピルケースに収め、あとは湿布《しっぷ》にバンドエイド、目薬にマスク、その次は？

薬を飲むとき用のミネラルウォーター入りペットボトル、寒かったら首にも巻けるストール、チクチクしない肌触りのいい下着、足が痛くなったとき用の履《は》き古しのスニーカー、あとは……もう疲れたので適当に押しこむことにしましょう。

このお荷物だけは置いていく

昔は、一緒に行く友だちよりちょっとおしゃれに見えるかだけ考えて、細かいものは忘れたら忘れたでなんとかなる！　と小さなバッグひとつで出かけても、本当になんとかなったんです。

でも、今は人生というテーマパークのひとつのアトラクションを味わおうと思ったら、「今度の場合はこれで準備万端」という荷造りをしなくちゃなりません。

そして、準備万端にするには鞄に入れるものだけじゃなく、体や心のメンテナンスも必要です。

歯ぐきがズキズキするようだったら、出かける前にデンタルクリニックに行っておくのも旅先で迷惑をかけない準備のひとつだし、ちょっと仲たがいしていた人に季節の挨《あい》拶《さつ》とご無沙汰のお詫《わ》びを兼ねたハガキを（この際）書いちゃえば、心すっきり出かけられます。その人に旅先からちょっとした名産品を送るのもありかな、というアイデアも浮かびます。

準備に若干《じゃっかん》時間がかかっても多少バッグがかさばっても、（おかげさまで）アトラクションを満喫し、無事に家に帰ってホッと一息つけば、「結局使わなかったものもあるけど、やっぱり準備していくと安心」と思うから、荷造りは大切だな、と。

そして、以前はしょっちゅうバッグに入れっぱなしにして持ち歩いていたけれど、今はもう持っていきたくない荷物もあります。

それは「自分だけ……」という、お荷物です。

普通は「お」をつければ、ありがたみが増すものが多いけれど、荷物の場合は「お」がつくと途端にうっとうしくなり、ずしんと肩にきます。私自身、せっかくうまくいきかけていた旅が、そのために台無《だいな》しになったことが、何度もありました。

「自分だけ……」の後には「損してる」が続きやすいので、そこまではなんとかプラスだった流れが、一気にマイナスに転じてしまうんです。

このお荷物が疲れるのは、「自分だけ得したい」という期待が裏切られた結果だから。本当は「損」しているわけでもなんでもなく、特別扱いの「得」を求めて満たされなかった子どもっぽさから生まれた「自分だけ……」なんでしょう。

損にしても得にしても、皆が出会うものです。

損したり得したりが、あらゆる人生のテーマパークに仕掛けられているのだから、結果として「得」する場合があったら「ラッキー!」と喜んでいいけれど、「自分だけ得した」と優越感を持っても意味がない。

一方、「自分だけ損した」では、本来おもしろいはずの旅もアトラクションもおもしろくなっちゃう。

それに気を取られている間に、たくさん見るものや感動することもあったはずなのに。

まあ、今までの旅はすでに損得抜きで「いい思い出」になっているので、これからのおとな旅では、「自分だけ……」のお荷物は置いて、（よく見るための眼鏡は忘れず）心軽やかに楽しんでいきたいものだと思います。

第3章　「道草上手」は生き方上手

憧れのあっぱれ三老女

目指すはおもしろがり

もう何回かぎっくり腰をやっているので、腰に違和感という「危ないサイン」が出たら、翌日は「湿布《しっぷ》をしておとなしく過ごす日」にします。

おとといも、雨の日が続きなかなかテニスができなかったので、ようやく晴れたと勇んで出かけたのはいいけれど、まだコートの土は柔らかく右足を思い切り踏みこんだ瞬間に右腰にイヤな違和感が。それでも、本当に久しぶりだったので、腰をさすりながらそのゲームだけはやり終えて、ロッカールームに引きあげてすぐに常備してある湿布を貼りました。

以来、湿布の匂いをさせながらノロノロ動かざるを得ない身を少しばかり嘆きつつ、自宅で過ごしています。そんな私の気持ちを察してか、外はまた雨。実は今日もテニスの約束をしていたけれど、雨でお流れになったので、気分が上がるであろう「老女ベスト3」の原稿を書くことにしました。

老人や老女と呼ばれる年齢に決まりがあるのかどうかは知りませんが、かつては50代になれば老人でした。しかし最近の60代はまだまだ「壮」という字が似合う人がたくさん。70代になるとようやく立派な「老」がはまってくる。それも70後半になったら名乗ってもよろしい、と但《ただ》し書きをつけたいくらいです。

そんなわけで、私にとって「老女」という言葉は、尊敬に値する憧《あこが》れの存在。できるなら、やさしい「いいお婆《ばあ》ちゃん」タイプより、矍鑠《かくしゃく》として、おもしろがり精神とポリシーを持つあっぱれな「老女」を目指したいんです。

では、この章の皮切りに、小説に登場するあまたの「老女」の中でも特に「あっぱれ！」と思った老女ベスト3を発表したいと思います。

と言っても、一位と二位に「あっぱれ度」の差があるというよりは、その活躍した年齢に敬意を表しての順位ということです。

第一位　柳川とし（82歳）　柳川家　当主
第二位　山本歌子（76～78歳）　元船場「山勝」のご寮人《りょん》さん
第三位　前田紅子（72歳）　古書店「アゼリア」店主

時期に若干差《じゃっかん》があるものの、彼女たちに出会ったのは20年以上前。以来、私の中でまったく色あせることなく、「憧れの老女」の特等席をキープしているお三方なのです。

大きな花火を打ちあげた82歳

では、第一位の柳川としさんからご紹介していきましょう。

と言っても、身長140センチに少し足りない小柄な彼女は天藤真《てんどうしん》著の『大誘拐』（創元推理文庫）に登場する、痛快スーパー老女です。

見た目は、顔も体にふさわしくちんまりとしていて、居間のふとんの上にちょこんと座ったところは、ちょっと両手ですくいたくなるかわいらしい仏像のような感じ。夫亡《な》き後も紀州の大富豪、柳川家の当主として敬意をこめて「刀自《とじ》」と呼ばれる彼女がある日、三人組に誘拐され……たはずが、犯人たちの何倍も上を行き、奇抜《きばつ》なアイデアと舌を巻く実行力で、とんでもないスケールの「大誘拐劇」が展開されることになるのです。

こんな言葉からも、スーパーぶりの一端が。

【健次（三人組のひとり）から身代金《みのしろきん》として五千万要求すると聞いた刀自の一言】

「あんた、この私を何と思うてはる。やせても枯れても大柳川家の当主やで。見損のうてもろうたら困るがな。私はそない安うはないわ」

「え？」

「端たは面倒やから、きりよく百億や。それより下で取引きされたら、末代までの恥《はじ》さらしや。ええな。百億やで。ビタ一文負からんで」


【いつの間にか話は刀自主導でどんどん大きくなりマスコミも騒ぎだす。覆面姿の犯人たちに囲まれ、子どもたちとテレビ対面することに】

「……さあ、そこがおまえたちの誠意の見せどころや。どうせいつかは同じような苦労せなならんのやし、こんどは私いうもんがかかってるんやさかい、無理でも何でも、とにかく当座の百億円いうもんだけは、何としても用立てていただくんや。……先走るようやけど、私の考えでいうたら、T銀行はん、F銀行はん、S銀行はん、それに地元のW銀行はん、この四つの銀行やったら、長いこと取引関係もあるよって、無下《むげ》にも首を横には振りなさらんとは思いますけど、何というても根本はおまえたちや。……」

【ヘリを駆使《くし》した作戦で、百億も犯人も消え、刀自は無事に見つかった。古くから刀自を知る井狩県警本部長だけはこう尋《たず》ねる。「なぜこれほどの大芝居を打ったのか?」と】

「俄《にわ》かに世界が一変した、いうことですわなあ。……子らや孫はともかくとして、皆さまのあのご心配だすな。……新聞、テレビを見ますと、知るお人、知らんお人から、慰《なぐさ》め、励ましのお声が、山のように寄せられてくる。ああ、私ひとりの命やあらへんのやな。……それからの一日一日は、寝ぼけたような今までとは天と地で、ほんまに精一杯に張りつめた毎日でございましたなあ。多くのお年寄の中には、口には出さんと、また実際にそないなことになっては大変や、とは思いながら、心のどこかに、一ぺんはそうした時間を生きてみたい、いうメルヘンみたいなもんがあるのとちがいますやろか。……」

しかし、なぜ刀自は百億ものお金を自分の子どもたちに支払わせることにしたのか?どうやってそれだけの大金の受け渡しを成功させたのか? そしてお金と犯人のその後の行方は? この真相は、ぜひ本を読んでワクワクして「なるほど」と納得してもらえたら嬉《うれ》しいので、ネタバラシは控えておきましょう。

私も１５３センチと小っちゃいので、１４０センチの小さな体に詰まった知恵と勇気と誇りを駆使して、人生のしめくくり近くになって大きな花火の打ちあげに成功した柳川とし刀自に大いに励まされ、楽しませてもらったのでした。

70代は「ゴールデンエージ」

さて第二位は、田辺聖子《たなべせいこ》著『姥《うば》ざかり』（新潮文庫）シリーズの歌子さんです。人気シリーズのため『姥ざかり』で76歳の彼女は『姥ときめき』で77歳、『姥うかれ』で78歳に。歌子さん、とにかくおしゃれで遊び上手で口が達者な人気者。東神戸の眺《なが》めのいいマンションで気ままなひとり暮らしを満喫中。なんだかんだとうっとうしい息子たちや嫁らの雑音は適当にあしらって、日傘をさして今日もお出かけです。

では、歌子さんの、とし刀自に引けを取らないあっぱれ老女ぶりの一端をご紹介。

【ひとり住まいについて】

「私や、自分自身がこの家では、

『お客さま』

だと思ってる。だから自分がいちばんいい場所にいつも坐り、いい椅子やテーブルを使うのだ。

七十六までツツ一杯に生きて、自分より偉い人間があると思えるかッ！　年をとれば、自分で自分を敬《うやま》わなければいけない。自分がへりくだってつつしむのはほんとに好きな人、尊敬できる人の前だけである」


【長男の嫁の「お姑《かあ》さんは派手、私はシック好み」発言に対して】

「シックなんて柄かいな、モッサリしとるだけやないか、嫁は社長夫人顔をして収まり返っているが、社長夫人風にみられることだけに気をとられ、自分が何を着たら楽しいか、何を着たいか、ということを忘れて取り落してるのだ」


【宝塚ファンでもある歌子さん、紺に白の水玉のシフォンジョーゼットの装いで】

「ふしぎなもので、いくら『清く正しく美しく』を実行していても、流行に全く背を向けると『ダサく・ぶざまに・あさましく』という風情になるので、ある程度は時勢に敏感でもあらねばならぬ。

そんな身なりで私は心地よく出かけた。健康は申し分なし、食欲もちゃんとあるし、何たってこの、月やくもあがり更年期障害もすましました、なんて一ばんの幸福じゃないかしら、いまがゴールデンエージである」

そうか、これから「ゴールデンエージ」か、心強いな。歌子さん、ありがとう！

著者の田辺聖子さんはもちろん、人生のそして物書きとしての憧れの大先輩ですが、お聖さんご自身は歌子さんに比べると、しゃべり方もおっとりした感じで趣味やおしゃれもかわいらしくロマンチック。でも、そんな聖子さんの中にも「歌子虫」とも言うべき、「年寄りは可哀想」とか「ひとり暮らしは寂しいもの」といった世間の決めつけに対して、「勝手にあんたらが思うてるだけやないか！」という虫が住んでいるんだと思います。

「本人がしたいように、それがいちばん」というお聖さんのお墨付きがあるから、歌子さんは頭の固い年寄りや、いい気な若いもんに「喝《かつ》！」と気合を入れ、今日もおしゃれな日傘をさして人生の豊かな道草を楽しんでいるのでしょう。

「おまけ」もオツ

ではでは、最後に若竹七海《わかたけななみ》著『古書店アゼリアの死体』（光文社）の前田紅子さんに登場してもらいましょう。

〈葉崎東銀座通り〉のアーチをくぐり、〈福福〉という中華料理屋の隣にあるのが〈古書アゼリア〉です。いまにも傾きそうな二階建ての木造で、木枠の開けづらそうなガラスの引き戸を開けると、客に向かって「あんたみたいな唐変木《とうへんぼく》に、うちの本は売れないね」の罵声《ばせい》。この声の主が、紅子さんです。

本棚の向こうのカウンターでくわえ煙草、和服を渋く着こなした彼女は、ロマンス小説専門の古本屋をやっているのでした。

メインストーリーは、資産家の前田一族にまつわる殺人事件の謎解きなのですが、紅子さんの存在があらゆる形でカギになっていて、特にロマンス小説の薀蓄《うんちく》がとてもおもしろい。中には、私も読んだことのある小説が数冊出てきて嬉しくなってしまったのですが、紅子さんの手にかかったら「ふん、その程度じゃ、うちの客とは言えないね」と軽くあしらわれそうです。

こちらは推理小説なので、筋書きは本編で楽しんでもらうことにして、この古書店の名前になっている「アゼリア」は、ロマンス小説の『血の色のアゼリア』からつけられたこと、そのストーリーや大事にガラスケースに入れて飾られた『血の色のアゼリア』の洋古書に事件の大きなカギが隠されていた、ということだけ記しておくことにしましょう。

事件が解決した本編のあと、「おまけ」として「〜前田紅子のロマンス小説注釈〜」がついています。書き出しはこんな感じ。

「『古書店アゼリアの死体』、楽しんでもらえたかね。〈古書アゼリア〉の店主の前田紅子です。この本にはロマンス小説がたらふく出てくるけど、世の中にはロマンスに無知蒙昧《もうまい》な憐れな人間もいるだろう。この本の作者なんざひどいもんさ。紹介されたなかには、架空のものもあるくらいだからね。物好きな読者が探しまわったりすると気の毒だから、ここで一発、注釈をつけておこうと、作者と編集者を脅《おど》して頁をもらったのさ。読んでみておくれ」

で、本文中に出てくる（これ読んだことないな……）と思った小説のいくつかは架空であることがわかり、また、

「『血の色のアゼリア』 あるわけないだろ、こんなゴシックロマン。作者がでっちあげたのさ」

というオチまでついているのです。

展開はだいたい覚えていたけれど、2日でこれら計5冊を再読破。今読み直しても、どの本も文句なしにおもしろかったです。

そしてあっぱれな三老女から「あんたの腰痛なんて、子どもだましみたいなもんだ。そのおかげで、あたしたちの話がまた聞けたんだから御《おん》の字だよ！ そろそろ働いたり出かけたり、人生を楽しむことだね」と厳しくかつ温《あたた》かく励まされた気がしました。

一番人気アガサの秘密

豊かな安心感のカギは「家」

例の紅子さんのおまけページに、興味深い注釈がありました。

「メアリ・ウェストマコット　言わずと知れたミステリーの女王アガサ・クリスティーの別名義。『娘は娘』ハヤカワ文庫ＮＶ、中村妙子訳。あたしはこのウェストマコット名義の本を読むと、いつでも泣いちまうんだ」

こういう魅力的な脇道《わきみち》を見つけると、この後はもう、そっちめぐりに行くしかありません。

２週間ほど前、帯に「一冊丸ごと〝アガサ・クリスティー博物館〟」と書かれた、興味深い写真満載の『愛しのアガサ・クリスティー』（清流出版）を買ったところだったので、アガサでありメアリである魅力的な作家と、彼女が創り出した最も魅力的なイギリスの老女探偵、ミス・マープルについて、ちょっとだけお喋《しゃべ》りをさせてください。

アガサの小説は、世界中で読まれている本ベストワンの聖書、２位のシェイクスピアに次ぐベスト3の地位を占めていると言われています。

彼女より巧妙なトリックを「これでもか」と仕掛けたり、ハラハラドキドキの連続の作品を書くミステリー作家もいるけれど、どうして彼女が一番人気なのか?

それは、ミステリーなのに妙な言い方になるかもしれないけれど、読み手にある種の「豊かさと安心感」を与えてくれる作家だからではないか、と思うんです。

その豊かな安心感のカギは、「家」。

彼女の物語に出てくる家、室内装飾、調度品、庭のすべてが素晴らしい。もし、そこに住めたら夢のよう……とうっとりさせる魅力ある家ばかりなのです。

彼女の「家好き」は、デヴォン州トーキーの生家アシュフィールドから始まり、生涯変わることがありませんでした。

母親の方針で、学校での正規の教育をほとんど受けなかった彼女は、大好きな壁紙が張られた子ども部屋で空想に耽《ふけ》ったり、「家の中の家」と言えるドールハウスで遊び、もちろん本もたくさん読みました。

のちにアガサはインタビューで、学校に行かなかったので「素晴らしく時間があった」と語っています。それでも、最初は思いついたストーリーを書き留めようとは思わ

なかったらしい。しかしインフルエンザの回復期のあまりの退屈さに、母が持ってきた使い古しのノートの空白部分に短い話を書いたのが、すべての始まりでした。

ミステリーの舞台となる魅力的な邸内の描写は、彼女自身が暮らした何軒もの家が大いに参考になりましたが、旺盛《おうせい》な執筆の原動力になったのも、また「家」だったようです。

たとえば今ある温室を取り払ってそこに開廊を造《つく》りたいと思うと、見積もりを取り、その次にミステリーのストーリーを考えました。彼女はどんどん書き進み、その原稿料ですぐに開廊を建てたのでした。また、彼女には「インテリアの非凡な才能」もあったようです。白衣を着て、自分の寝室の暖炉のペンキ塗りをする彼女の貴重な写真も残されています。

そんなアガサは、メアリ・ウェストマコットの名で6冊の本を出版しました。

「別名」で書いた小説

確かに前田紅子さん（というか若竹七海さん）の言う通りメアリ名義のこれらの著書はロマンス小説のジャンルに入るけれど、アガサ本人も満足の出来だったようだし実際よく売れたらしい。なのに、当時これらが自分の作であることをまわりの人間にも固く口止めしていたのは何故？　という疑問が残るのです。

で、脇道ナカヤマいろいろ調べてみました。

大ミステリー作家アガサ・クリスティーの名前で出すと、これらの本もミステリーと思われ、読者が混乱するから、というような記述も見つかりましたが、うーん、そうかなぁ……。

あちこち探しているうち、晩年のアガサがインタビューで、「これまでの人生の中でいちばんおもしろかったのは、自分が別の名義で小説を書いていたのに気づかれなかったこと」と答えているのを発見したのでした。なんだか、すっきりした！

で、ラストはアガサの祖母（あるいは大叔母？）がモデルとも言われているミス・ジェーン・マープルについて、ちょっとだけお話しして終わりにしましょう。

彼女が創り出した二大探偵が、灰色の脳細胞と八の字の口髭《くちひげ》がご自慢で、潔癖性で贅《ぜい》沢《たく》好きなベルギー人という、かなり「個性的」なプロの探偵ポワロと、イギリスの片田舎セント・メアリ・ミード村からほとんど出たことがなく、趣味は庭いじりと編み物、そして噂《うわさ》話《ばなし》という、一見「どこにもいる」お婆さんの素人探偵マープルです。

アガサらしい巧《たく》みさで、まったくタイプの違う二人の探偵を世に送り出し、どちらもたいへんな人気者になったのでした。

そんなマープルが最初に登場する短編が『火曜クラブ』。集まった人たちが順に本人だけがその結末を知っている事件を提示して、皆で謎解きをするという安楽椅子探偵の定番です。

それぞれが推理を披露するものの、最後にはまったく相手にもされなかったミス・マープルが編み目を数えながら、村人のちょっとしたゴシップをヒントに、見事に謎解きをして皆を驚愕《きょうがく》させるという展開が、痛快です。

謎解きの舞台になる「家や庭」は住んでみたくなるほど快適そうだし、時には「パーティや船旅」など、女心をとろかす豪華さも盛りこまれていて、かつ人物造形も安定していてチャーミング、なのにそこに悪意や欲望がうまく隠されているというスパイスが格別です。

同様のスタイルで、アイザック・アシモフの、レストランに集まったメンバーが交代で呼んだゲストが謎を提示し、メンバーの推理のやりとりを聞いていた給仕のヘンリーが丁寧な口調で最後に真相を言い当てる『黒後家蜘蛛《くろごけぐも》の会』シリーズも、とてもおもしろいです。

今人気の東川篤哉《ひがしがわとくや》著の『謎解きはディナーのあとで』シリーズの毒舌執事の影山などども、基本は現場に行かないで「目が節穴《ふしあな》のお嬢様」から事件のあれこれを聞いて謎を解決するスタイルなので、この安楽椅子探偵のひとりと言えるでしょう。

人は見かけによらない。

でも、どこかで「その人らしさ」の痕跡《こんせき》を残してしまう。

魅力的な配役と舞台装置で、その謎解きをたっぷり堪能《たんのう》できるのが、ミステリーならではの味めぐりなのでしょう。

ワンダーを探しに

「路上観察学会」の散歩

世に「観察好き」な人は多いし、誰しも「野次馬《やじうま》根性」のひとつやふたつ持っています。

私たちは、興味深い人や事柄、珍しいものを見て驚きたくて仕方ない！ という生き物なのでしょう。

「ゆかり」をめぐりたくなるのも、「見たい！」からだし、ミステリーにはまるのも、現場の様子や探偵である彼や彼女が謎を解くカギになるものすべてを「見たい！」んですね。

もちろん、犯人の顔も結末も「見たい！」。

「路上観察学会」という言葉を聞いたのは、もうずいぶん前ですが、それまで散歩しながら「あれ、これちょっと妙な感じがする」と何か引っかかる建物や景色を見つけると、しばし立ち止まって眺めていた自分の行動にちゃんと箔《はく》をつけ、より興味深い見方を教えてくれる人たちがいる！　と感激した覚えがあります。

まあ、箔のほうは私が「学会」という名前から勝手にそう思っただけなんですが、とにかく歩いて見ることをこんなに上手《うま》く楽しめるって凄《すご》い、と。

そんな「路上観察学会」のメンバーは、「長老」格の赤瀬川原平《あかせがわげんぺい》さん、南伸坊《みなみしんぼう》さん、藤森照信《ふじもりてるのぶ》さん、林丈二《はやしじょうじ》さんらです。

改めてご紹介するまでもなく、赤瀬川さんは前衛芸術家として活躍し、尾辻克彦《おつじかつひこ》のペンネームで書いた『父が消えた』（文藝春秋）で芥川賞を受賞、その後『老人力』（筑摩書房）は流行語にもなったベストセラー作家という経歴の持ち主。なのに、肩に力の入っていない「何食わぬ顔」といった印象なのが「憎いね！」です。

おにぎり顔がトレードマークのイラストライター南伸坊さんは、美学校の出身で赤瀬川さんの生徒だったこともあり、特に路上観察の中でも「ハリガミ」に関しての研究で知られます。

藤森さんは、建築史家で「東京建築探偵団」会員でもあり、林さんはエッセイストであり「マンホールの蓋《ふた》」観察者として有名です。

この「路上観察学会」、筑摩書房の『路上観察学入門』の発刊の際に作られたもので、名前は仰々《ぎょうぎょう》しいですが、とにかく「ここまでおとながおもしろがれるか」という団体。というより「おとなだからこんなことでおもしろがれる」とも言えるんでしょう。

変化球がきた！

さて、ここでどうしても触れておかなくてはならない名前があります。

それが「トマソン」です。

長老格の赤瀬川さんは、古くからの読売ジャイアンツファン。著書でも、現代芸術の話かと読み進んでいると、突然プロ野球の話になり、また芸術に戻るという変化球がきたりするのですが、その最たるものが「トマソン」なのです。

ごひいきチームだけは長年の阪神タイガースファンである私とは相いれないけれど、プロ野球が好きなことには変わりないので、ジャイアンツに在籍していたゲーリー・トマソン選手の名前は、おぼろげながら覚えていました。

要は、豪快にバットを振りまわしてボールを空振りするばかりで、助っ人にならない（役に立たない）のに、ジャイアンツに在籍していた（保存されていた）ということ。

路上観察中、赤瀬川さんたちはただ上がってそのまま降りるだけの古びた階段や、ふ

さがれてしまって入ることのできない出入り口や門を見つけました。それなのに、その意匠《いしょう》や佇《たたず》まいは、なんとも不思議に味わいがあって美しい。

これらは、芸術家の意図的な作品を超える芸術であり、しかも役に立たないものである。

そこで、それらを「超芸術トマソン」と名づけ、

「不動産に付着していて美しく保存されている無用の長物」

と赤瀬川理論で定義したのです。

『超芸術トマソン』（白夜書房）や『路上観察学入門』を読んだあとの私は、少しいさんで、でもなるべく自然な歩幅と目つきを保って、路上観察的散歩に出かけました。

その日の成果は、セメントで塗り固められ、わずかに鉄製の窓枠だけが残っている物件がひとつ。

2階につながる外階段で、手すりのない段々だけが残った物件がひとつ。

窓枠のほうは、素材といい塗り方の丁寧《ていねい》さといい、立派なトマソンとして分類できそうで興奮しました。2件目はうーん、危険だけれど上がって上がれないことはないからプチトマソンかぁ……と思ったけれど、もっとよく見ると階段の先にある合板のドアに

取っ手がついていないことを発見。これでトマソンと認定できるな、と嬉しくなりました。

本格的にやるなら、きちんと写真に撮り、番地や日付などをメモしておけば、なかなかのコレクションになります。きっとこういう「トマソン」をブログにアップしたりしている人も多いのでしょう。

でも、人が発見したものをブログの写真で見るより、（トマソン発見度は低くても）自分の足と目で歩いていたときに、たまたまアンテナにピピッとひっかかったもののほうが、やっぱりおもしろい。

先の２物件も、もしかしてすでに取り壊されてしまったかもしれないけれど、この機会にもう一度、散歩のついでに確認観察してこようと思っています。

「目利き」の目ヂカラ

道草の長老から

このようなわけで、「こんなおもしろがりになれたら」という憧れの「道草の長老」が赤瀬川原平さんなんです。

赤瀬川さんらしい本を一冊選んでみようと、本棚に並ぶ背表紙を眺めていたら、ピピッと目に飛びこんできたのが、『目利《めき》きのヒミツ』（光文社　知恵の森文庫）でした。

赤瀬川さんの風貌《ふうぼう》は、一見身近にいるおじさんのような感じで親しみが持てますが、よく見るとやはり目ヂカラがあって只者《ただもの》じゃない。あの目ヂカラで、何気ないところからおもしろみや法則を見つける、「そう、まさに彼こそが現代の目利き」と思ってページを開けたら、出だしから、

「目利きのヒミツである。そのヒミツをぼくが知っている、わけではない。でもどうもそのヒミツがありそうだということを、感じているのである」

と、軽くいなされてしまいました。

こういう「いなし」もまた、彼の得意技《わざ》のひとつなのですが、読みはじめるとやはりおもしろくてあっという間に「赤瀬川ワールド」に引きこまれてしまいました。

氏によれば、目利きとはもともと「書画骨董《こっとう》や宝石、時計あるいは不動産の目利き」というように、真贋《しんがん》や価値を見分けるプロを指すけれど、我々も知らぬ間に目利きをしているのではないか、ということです。

たとえば「友だちになれそうか」「電車のどこに座るか」「あのふたりはワケありなのかどうか」といったもの。

確かに、友だちでも電車の席でも、「それしかない」なら目利き以前に「その人」や「その席」にせざるを得ませんが、大勢の人たちやいくつもの空席から選べるとなれば、けっこう瞬時に「目利き」して、判断する気がします。

長くつきあいたい友だちなら、この人はおもしろくて気があいそうと「目利き」し、つかの間隣に座るなら、より安全そうな人を見分けます。

また、グループや職場などであるふたりが「ワケあり」を隠そうとしたとしても、何気ないしぐさや目配せ、服装の好みの変化や何かでかなり正確に感知できるし、まったく面識がない行きずりのふたりを見ただけでも、けっこうピンと来るものです。

このように、赤瀬川さんの言う通り、ごく日常的な場面で私たちは瞬間的に「目利き」しているのかもしれません。

無理に見極《みきわ》めようとしなくても、日々の生活のちょっとした隙間《すきま》に目を引くものやおもしろみのあるもの、意味深なものなどを見つけられたら、それもひとつの「目利き」なのではないか、ということでしょう。

「言葉の長老」格でもある氏は、その感覚を「この世の隠れたるアキレス腱《けん》を探していくような楽しさである」と記しております。

ここで、アキレス腱が出てくるか……突飛《とっぴ》なものなんだけど、妙に納得できちゃう……アキレス腱探しこそが、おとなの道草の楽しさなのかも……物書き業のはしくれの私、いやはや脱帽です。

「これこれベスト3」

読み進んでいくうちにも「そう、これこれ、この感じ。こういうこと言いたかった」と思った箇所があちこちにあったのですが、特に脱帽度の高かったものを「これこれベスト3」としてご紹介しておきましょう。

【現代美術と鼻の関係】

「芸術家というのも、かつては職人に近い存在であったのが、いまではむしろ営業マンに近い存在に変化してきている。職人に必要なのは目であったが、営業マンに必要なのは鼻である」

「しかし印象として、鼻が利くというと何となく小狡《こずる》い感じがするのは何故だろうか。目利きというと一対一の勝負、日本刀の試合のようなズバリ感覚があるのだけど、鼻が利くというと、何となく周囲のことばかり気にして、横目を使ったり、そわそわして落着かない人物像が浮かぶのである。

まあ現代人の宿命であろう」

まさに、これこれ！　私が15～16世紀のイタリア絵画（レオナルドやカラヴァッジヨ）や日本なら長谷川等伯《はせがわとうはく》や伊藤若冲《いとうじゃくちゅう》は大好きなのに、もうひとつ現代絵画に関心が持てないのは、「コンセプト先にありき」で売りこみ上手の早いもの勝ち、「鼻が利く」人の作品がもてはやされてるように感じるから。画家に営業力なんて求めていたら、心を打つ作品なんて決して生まれないんだよねー。

【澄んだ目の養殖】

「……あ、この人は本気じゃないな。あ、この人は付き合うと面白そうだな。と、まずだいたいのことが人の顔を見ただけの直感でわかるが、

『人は見かけによらぬもの』

ということがあるので困るのだ。

目がパッチリ、話し方もハキハキしていてこの人は隠し立てのない人だなと思っていると、ペロッとそのとんでもない裏側が見えたりすることがある。……映画とか小説などでも、優しさを凶悪犯の一面として強調することは、恐ろしさの表現の一つの技術にさえなっている」

これこれ！　たいていは人の目利きは当たるけど、時どきとんでもなく表裏のある人に出くわすことがある。相手が「澄んだ目」を承知でやっている場合と、なり切っていて本人も「澄んだ目」と「邪悪《じゃあく》な目」のどちらが真実なのかが判然としなくなっている場合があるから、だましたりだまされたりが生まれる。ミス・マープルはそういう意味では、イギリス屈指の「目利き」だろうな。

【真贋の奥に見える生きもの】

「やはりできるだけ安くて良い物が欲しい。それは当り前のことかもしれないが、金で解決、ということをできるだけ避けたいのだ。財布が薄くて負け惜しみでいっているのではない。いやそれもなくはないが、とにかくできるだけ安い物の中から良い物を探したい。つまり金で解決ではなくて、自分の眼力で勝負したい」

これこれ！　買い物に夢中になるのって、単に必要なものを探すだけじゃなく、自分の眼力試しの醍醐味《だいごみ》も味わいたいからなのよね……とつぶやきながら、『目利きのヒミツ』巻末の対談のところまでやってきました。

対談のテーマは「目玉論」、そしてその対談のお相手は、在《あ》りし日の白洲正子《しらすまさこ》さんです。

赤瀬川さんが書いた『千利休《せんのりきゅう》――無言の前衛』（岩波新書）を読み、おもしろい！と思った（目利き、目ヂカラの大先輩）白洲さんのほうから対談を持ちかけられたとか。

感動したらすぐに行動を移す、韋駄天《いだてん》夫人こと白洲正子さんらしい興味の示し方で、利休から骨董、トマソン、小林秀雄、そして目玉の力まで、楽しい道草だらけの対談は続いたのでした。

本を閉じた私は、開口一番、「そうだ、明日は韋駄天夫人ゆかりの鶴川《つるかわ》めぐりに出かけよう」。

韋駄天どころか、そうとう出不精の私にしては珍しく早い決断、これなら十分に「楽しい口実」になるし、明日のお天気を調べたら雨マークもなし。

気づくと腰痛のほうもおさまってくれたようです。

ちょっと武相荘へ

旧白洲邸への道のり

旧白洲邸、またの名「武相荘《ぶあいそう》」は現在の住所では東京都町田市能ケ谷《のうがや》7丁目、最寄り駅の小田急小田原線の鶴川駅から歩いて15分ほどのところにあります。

表参道から千代田線で代々木上原まで、そこから小田急の急行で新百合ケ丘まで行き、各駅に乗り換えて柿生《かきお》の次が鶴川、うすぐもりの暖かい平日の午前中だったので、電車内も駅構内ものんびりとしていました。

夫もちょうど仕事と仕事の切れ間だったようで、「ちょっと武相荘まで行かない？」と誘ってみたら、二つ返事で同行してくれました。

『目利きのヒミツ』のまえがき部分で、赤瀬川さんは対談をする前、白洲正子さんのことをほとんど知らなかったと正直に書かれています。「お名前だけ知っていて、その文字の和風の並びが綺麗《きれい》だと思っていたくらいだ」とも。

私も、どんな人か知る前に雑誌で「白洲正子」という字の並びを見て、端正で美しい名前だなと思ったのでした。

その雑誌は、婦人月刊誌「ミセス」（文化出版局）。白洲正子さんの場合もそうですが、憧れたすてきな大人たちの多くは雑誌「ミセス」のグラビアページで知ったのです。

もちろん、当時の私はまだミセスではなくミス、というかほとんど子どもでした。料理以上に洋裁が得意だった母が定期購読していた「ミセス」が本屋さんから届く日が、本当に待ち遠しかったのをよく覚えています。

この頃知った名前で今でもすぐに思い浮かぶのは、森茉莉《もりまり》、澁澤龍彦《しぶさわたつひこ》、猪熊弦一郎《いのくまげんいちろう》、高峰秀子《たかみねひでこ》、ファニー・ダルナ。

大倉舜二《おおくらしゅんじ》さんの緻密《ちみつ》だけれどため息が出るほど美しい写真と、隣のページにある文章が醸《かも》し出すおとなならではの美意識や風格、博学は憧れそのものでした。

白洲正子という名前は、和箪笥《わだんす》の上に置かれた古びた壺《つぼ》に活《い》けられた白い椿《つばき》の花などとともに記憶されたので、当時は華道の先生と思っていました。ただ子ども心に、活けられた花は何々流という感じがしない、わざとらしいところがなくて「いいな」と。

後年（教師をやっていた頃）、やはり「ミセス」で宇野千代《うのちよ》さんのエッセイに感動し、彼女の著書や勤めていた学校の図書館で青山二郎《あおやまじろう》や白洲正子という人物を、もう少し詳しく知ることになったのです。

さてと「話の道草」はこのくらいにして、武相荘へ向かうことにしましょう。

履《は》きなれた靴で鶴川街道の歩道をズンズン歩いていくと、左側はかなり切り立ってお り石垣や急勾配《きゅうこうばい》の階段が目立ってきます。その上に建てられた家々はどれも新しくカラフルで、ここはもう南多摩郡鶴川村でなく町田市！　と主張しているようでした。

反対側の道路わきにはファストフードやファミリー向けのレストラン、回転ずしにドラッグストアなどが並んでいて、一瞬（本当に、この先に武相荘がちゃんとあるのだろうか）と不安になるほど。夫も、私の表情に気づいたらしく「ここからすぐ近くに茅葺《かやぶ》き屋根の家が残っているわけだから、大したもんだよ」と笑っていました。

その大したものの武相荘の竹林《ちくりん》が、街道をはさんでユニクロと名古屋発のコーヒーチェーン店「コメダ珈琲店」を目印に、左にほんの少し坂を上がったところに忽然《こつぜん》と現れたのでした。

当たり前だけれど、やっぱりここにちゃんとあった！　と確認が取れて安心したので、武相荘に行く前に「コメダ珈琲店にちょっと立ち寄る」ことにしました。

「道草を楽しむんだから」と「11時ちょっと前にここまで来られたので、（何日か前にテレビで見た）コメダのモーニングに間に合うから」という2つの立派な理由付きです。私と考えることが同じ人は大勢いるようで、パーキングはほぼ満車。

夫とふたり、ブレンドコーヒー（1杯400円）を注文すると、厚切りのバタートーストとゆで卵がサービスでついてきました。

名古屋じゃ当たり前！　というこのサービス、初体験だったので感激しました。

夫に「コメダのモーニングが味わえただけでも鶴川に来た甲斐《かい》があった」と言ったら、「あとでユニクロにも寄って、もっと来た甲斐があったって言うんじゃない」と返され、あまりに図星だったので無言でトーストの最後の一切れを口に放りこんだのでした。

白洲正子の小宇宙

ユニクロは武相荘見学後に寄ることにして、武相荘の竹林を目指します。

ちなみに武相荘という名前は、この場所が武蔵と相模の境にあったのと、無愛想をかけて夫君、白洲次郎《しらすじろう》氏が名づけたとのこと。警備と案内のおじさん（とても親切）2名がいて、チケットと売店を受け持つおばさん（ちょっとだけ無愛想）もいて、母屋《おもや》の展示コーナーには武相荘と白抜き文字の入った半纏《はんてん》を着た女性が立っていました。

平日でしたが、見学者は10名ほど。落ち着いた雰囲気の女性グループがメインで、年配のご夫婦の姿も見えました。

「芸術新潮」や「太陽」「とんぼの本」などの写真で何度も見ていたので、すでに「武相荘」のイメージがはっきり出来ており、長屋門を抜けて母屋を見た瞬間もハッとする驚きはなかったけれど、私が思い描いていた建物を七割くらいに縮めたこぢんまりした感じでした。

去年、3回目のパリ旅行でやっとベルサイユ宮殿の「鏡の間」を見ることができたのですが、そのときも今回と同じように「想像よりふたまわりくらい小さいな」と。

本物よりイメージのほうが大きいのは、多分、自分の中の憧れがむくむくと増殖して仰《あお》ぎ見るようなスケールで脳内に定着するのと、レンズのマジックで写真だと実物より堂々と大きく撮れるから、なんでしょう。

それにしても、白洲夫妻愛用のエピソードの込められた品々を近くでゆっくり見られたのは幸せでした。

玄関には、たっぷりと梅が活けられた大きな常滑《とこなめ》の壺。中に入ると、あっ！　次郎さん作の竹製のスタンドもある。箪笥の上の信楽《しがらき》のみみずくは（本で見た通り）本当に横に切って蚊《か》やりになっているし、写真集を見て「こんなのがほしい」と思った瀬戸麦藁《むぎわら》手片口も、赤と黒がモダンな片身替わり盆もちゃんとある！

そして、正子さんのこぢんまりした書斎の雰囲気がとてもよかったです。作りつけの本棚の背表紙の「南方熊楠《みなかたくまぐす》」や「洲之内徹《すのうちとおる》」といった名前をゆっくり見つつ、ふと目を上げると文机《ふづくえ》の下が掘り炬燵《ごたつ》になっているごくごく小さな一画がありました。机上には愛用した文房具が置かれ、窓越しには裏庭の緑が見えます。座布団とひざ掛けは、またここに主《あるじ》が帰ってくるのをひっそりと待っているようでした。

晩年は、大きなダイニングテーブルのほうで執筆されていたようですが、この書斎こそが白洲正子の小宇宙……と感じました。

庭も想像よりは小さかったのですが、青々とした竹林や紅梅、白梅、石仏の前にはまっ赤な椿が供《そな》えてあり、自然と調和した美しい空間を満喫しました。

ただ、実際に来てみると武相荘の暮らしを愛した白洲夫妻が今ここにいないこと、蚊やりも徳利《とっくり》も塗《ぬ》りのお椀《わん》ももう使われないということが、よりはっきり感じられ少し寂しくなりました。

どんな高価な骨董も使ってこそ意味があると、日々の暮らしで愛用してくれた主を失った器《うつわ》たちもまた、今寂しいのではないか……と。

そんな感傷も、予定通りキャミソール2枚とレギンスを買い、鶴川駅前で（帰って家で食べる）お弁当を選んでいるうちにすっかり忘れ、帰りの電車の中では、売店で買った『韋駄天夫人』（平凡社）のページを開きました。

すると「人間の季節」という項の最後に、こんな一文が。

「暖めれば、のびるし、傷つければ、しぼむ。人間も植物のように、それほど強いものではない、ということは私自身常に経験するところである。と、こんな話を思いだしたのも、目前の景色が、今朝はあんまり美しいからである。これは直ぐ過ぎ去って行くに違いない。二、三日、あるいは四、五日。だが、過ぎ去って行くからこそ、よけいこの瞬間が貴重ではないだろうか」

半日の鶴川めぐり、至極《しごく》満足。これもまたすぐに過去になるけれど、とても貴重で楽しい道草時間でした。

美の種をまく人

「捨てない、捨てられない」人

私は、出かけるのも好きですが、家に帰るのはもっと好き。玄関のドアを開けて靴を脱ぎ、ラクな部屋着に着替えてホッとするために出かける、のかもしれません。

外から帰ると、もう20年近く使っている小ぶりの薬缶《やかん》に水と黒豆麦茶のパックをひとつ入れ、濃くて香ばしいお茶にして飲むのが最近の流行《はや》りです。

今回のように「ゆかり」の地を訪ねたあと、熱いお茶や出先で買ってきた折詰弁当を味わいながら「ゆかり」の本を読むことは昔から変わらない大きな楽しみのひとつ。

『韋駄天夫人』は、帰りの電車の中でほぼ読み切ってしまったので、「とんぼの本」の『白洲正子〝ほんもの〟の生活』（新潮社）を広げました。

この本は、２００１年の武相荘オープン記念に発刊されたもの。広げてみることにしたのは、中に載っていた油絵の１枚（息子さんを描いたもの）が、あのこぢんまりした書斎にひっそりと掛かっているのを「見た！」からです。

そしてこの本の中で、白洲正子の油絵について語っているのは、赤瀬川さんなのです。

１９９８年の12月、白洲さんは88歳で亡くなりました。

その1年後、赤瀬川さんはオープン前の白洲邸を訪ね、屋根裏部屋から見つかった古い油絵を見る機会に恵まれたのです。白洲さんは「捨てない、捨てられない」人だったらしい。

で、解説によれば、これらの油絵の制作年度は１９３５年。白洲さん25歳の頃で、自画像や長男春正さん（４歳）の肖像画、そして花や果物を配した静物画など9点。

私は元高校の美術教師なので、授業で生徒が描いたたくさんの油絵を見てきました。僭越《せんえつ》ながら、もしここに載っている（そのうちの1枚は実際に見た）白洲さんの油絵が授業で制作されたもので通知表の評価をつけなくてはならないとしたら、５段階でやはり3だろうな、と。

「見る人」のジレンマ

私が授業で評価をするときのことは、すでに書いたので省《はぶ》きますが、赤瀬川さんも、あの「当代随一の目利き」が実際に描いた作品が、「描いてみたらこんなに下手《へた》だった」「無器用なほどに真面目《まじめ》」なものであったことに、恐縮しているようでした。そして彼女自身が、誰より「そのこと」に気づいており、悔《くや》しかったであろうことにも。

赤瀬川さんは、このように続けて書いています。

「でもつくづく、白洲正子は見る人だったと、思い直す。自分の手で何か物を創り出すということでは、やはり無器用だったのだろう。美意識というか、美しいものを見ることにあまりにも敏感なために、自分の腕との落差をよけいに感じて筆が縮む、ということもあるのではないか。

そんな意欲がその後紆余《うよ》曲折《きょくせつ》して進みながら、結局この人にとっていちばんいい表現方法は、文章しかなかったのだというところにたどり着く」

続いて発刊された「とんぼの本」のタイトルは『白洲正子　美の種まく人』。

彼女が、埋もれた才能や忘れ去られていた名品を多く見出し、その美の種を育てて花咲かせた背景には、終生「美を創《つく》り出す人たち」への深い尊敬の念と愛情があったからなのだ、と感じ入ったのでした。

ふたりのじろう登場

やんちゃなカントリー・ジェントルマン

「じろう」という名前は、それだけでやんちゃな感じがします。

「いちろう」という名前も、あのイチロー選手の登場で、颯爽《さっそう》としたアスリートのイメージになりましたが、もともとはじろうに比べたら、おとなしくて親の言うことも聞きそう。

たまたま白洲正子さんと縁《えん》が深いふたりのじろうは、まちがいなく「やんちゃ」な道草人生を送った、じろうらしいじろうでした。

言うまでもなく、一人目のじろうは次郎、夫君の白洲次郎氏です。

NHKで「ドラマスペシャル　白洲次郎」がオンエアされたので、一気にメジャーになりました。次郎を演じた伊勢谷友介《いせやゆうすけ》さんもシャープなイケメンですが、本人も当時の日本人離れした長身のハンサムです。

正子さんは『白洲正子自伝』（新潮社）の中で「特に美男というわけではないが、西洋人みたいな身ごなしと、一八〇センチの長身に、その頃はやったラッパズボンをはいてバッサバッサと歩き廻っていたのが気に入ったのかも知れない」と書かれていますが、「ひと目惚《ぼ》れ」であることを認めているし、当時の彼を美男と言わずして誰が美男？というくらい際立っていたのではないか、と想像します。

その上、ケンブリッジ仕込みのキングス・イングリッシュでツウィードのジャケットを着こなし、スポーツカーでさっそうと登場。今だって、こんなにかっこいい男性なかなかいやしません。

１９４５年８月30日、連合国最高司令官ダグラス・マッカーサーがやってきて、日本の占領時代が始まります。英語が堪能《たんのう》であったため、親交のあったワンマン宰相吉田《さいしょうよしだ》茂《しげる》からの要請を受け、片腕としてＧＨＱとの交渉にあたりました。

アメリカ側の一方的な要求や命令に「従順ならざる唯一の日本人」として抗議し、新憲法制定の過程で重要な役割を果たしました。

もしそのまま政界に打って出たら日本にもこんなかっこいい政治家がいるって自慢できたのに！　なんて野暮《やぼ》は言わないことにしましょう。

武相荘で農作業や大工仕事に熱中し、ゴルフやスキーを楽しみ、女性にもてて70代になってもポルシェが似合った男がいたことで、十分に満足。いや、「やっぱり残念、ひと目でいいから本物のじろうさんを見てみたかったわー」と、私のミーハーの血は騒ぐのですが。

しかし、正子さん著の『遊鬼《ゆうき》 わが師わが友』（新潮文庫）によれば、彼がせっかちで癇癪《かんしゃく》持ち、毒舌家なのは終生変わらなかったし、鶴川に引っこんだのも単なる隠居ではなく、イギリスで言う「カントリー・ジェントルマン」、すなわち地方に住んでいても中央の政治に目を光らせ、渦中《かちゅう》の政治家に見えないことも看破《かんぱ》できるポジションを選んだゆえのことでした。

本当に何か事あれば「すわ鎌倉」と駆けつける、野武士のようであったとも。ただ、現実には政治の貧困なこの国では、カントリー・ジェントルマンが直《ただ》ちに通用するはずもなく、やむなく大工仕事に熱中したという面もあったようです。

お互いにひと目惚れだった白洲夫妻ですが、後年はほどよい距離を取りつつ、互いに生きたいように生きた「あっぱれなまさことやんちゃなじろう」だったのかもしれません。

ジィちゃんは何者？

そして、もうひとりのじろうは白洲正子が著《あらわ》した『いまなぜ青山二郎なのか』（新潮文庫）の主役であり、皆から「ジィちゃん」と呼ばれた青山二郎です。

世間的には、装幀家ということになっていて、実際に私が目にした青山二郎の装幀本は、素晴らしく魅力的でした。が、白洲次郎をどんな肩書で呼んだらいいのか迷う以上に、青山二郎って何者？と思うのです。

ごく簡単にプロフィールを記せば、１９０１年、東京市麻布《あざぶ》区生まれ。生家は徳川に仕《つか》えた青山家（あの古地図に出てきた青山家！　です）。濱田庄司《はまだしょうじ》や柳宗悦《やなぎむねよし》らの民芸運動にもかかわるものの、のちに退《ひ》く。骨董や古美術を愛し、本質を見抜く目を持っていた。

彼の自宅には、大勢の人が集《つど》って「青山学院」と呼ばれた。晩年は、当時の高級マンション「ヴィラ・ビアンカ」で暮らし、１９７９年没。ちなみに、「ゲラン・ミツコ」と香水の名前にもなった、クーデンホーフ光子は、母親のいとこ。

「青山学院」には中原中也《なかはらちゅうや》、三好達治《みよしたつじ》、小林秀雄、大岡昇平《おおおかしょうへい》、宇野千代ら錚々《そうそう》たる文士もいれば、バアのマダムや板前さん、編集者などさまざまな人が出入りしていて、ジィちゃんは誰も分け隔《へだ》てしなかったとか。

正子さんは、自分はその学院のみそっかすの最後の生徒だと記しています。

実際、青山二郎がおもしろがって鍛《きた》えてくれたおかげで、あの白洲正子の目ができた、とも言えるのです。

骨董や古美術品の目利き、とくくってしまえば簡単だけど、悠々と遊びながら美しいものを愛し追究したとことん「目の人」。

写真を見ても目がぎょろりとしていて、一見こわそうだけど、どこかいたずら坊主のような茶目っ気のあるおじいさんのような、不思議な風貌のじろうさんなのです。

先の『遊鬼』に最初に登場するのが二郎で、最後を飾るのが、次郎。

これだけでも、白洲正子という女性のカッコよさにため息が出てしまいます。

宇野千代めぐり

お洒落は老年になってからが本番

「最もよく出来た田舎者」、これ、誰が誰を評した言葉だかわかりますか？

正解は「青山二郎が、宇野千代を評した言葉」です。

私の場合は、雑誌「ミセス」で宇野千代の文章に感激し、そこから宇野千代めぐりが始まって、ごく自然に青山二郎や白洲正子についても知るようになったのでした。

最初に読んで感激したエッセイのタイトルは「私の暮らしの秘訣」、そして特に「これだ！」と思って書き抜いた部分は……

「私の家の茶の間には、それは大きな、吃驚《びっくり》するほど大きな机が一つおいてあるが、私は寝る前に、その大きな机の上に、明日しようと思っていることのために必要な、いろんなものをのせて、また寝て、思いついたらまた起きて、忘れていたり、足りないと思ったりしたものを補足して乗せたりするのが、とても愉しい。そして、はじめてぐっすりと眠る。もう、前の晩から、一足、足を踏み出す準備をしている、と言う訳である」

このエッセイで、一気に宇野千代ファンになってしまったのでした。

ちょうど教師として、もうひとつ自信も情熱も持てない頃だったので、「明日になればまた学校に行かなくてはならない……憂鬱《ゆううつ》。ああ明日なんて来なければいいのに」と思っていました。それが、教師としての適性とか自分の教育方針がどうたら言う前に、とりあえず前の晩に翌日の服やバッグを出しておく、というシンプルなことを真似《まね》してみただけで、信じられないくらい気分が明るくなったのには驚きました。

とともに、言葉って、こんなに凄いチカラを持っているんだ！　と思った瞬間でもありました。

すぐに学校の購買部に行ってノートを買い、図書館や本屋で見つけた宇野千代先生の本を片端から読み、書き抜き帳を作ったのでした。

学校は、生徒だけでなく教師も成長し、学ぶことに寛容《かんよう》な場所なので、空き時間は堂々の宇野千代三昧《ざんまい》。今までとはまったく違う気分で職場に向かうことができるようになりました。

その頃の書き抜き帳は、教師時代はもちろん今でも十分役に立っています。

そんな言葉のいくつかをご紹介すれば、宇野千代的生き方の片鱗《へんりん》がわかると思います。

「どんなに独創的な発明も、はじめは真似から始まる」

「私は欠点を私流の考え方にすり替えて利用するのが、普通の人より、ちょっと上手である」

「自慢は自分を救う最上の方法である」

「お洒落《しゃれ》は中年過ぎ、老年になってからが本番である」

「人の顔つきも習慣である。笑顔が習慣になればしめたものである」

「人生はいつだって　今が最高のときなのです」（以上、宇野千代『幸福の言葉』海竜社）

「幸福は幸福を呼ぶ」に導かれて

後年教師を辞めた私が、宇野千代さんが終《つい》の棲家《すみか》として建てたビルがある南青山に暮らし、『宇野千代の幸せを呼ぶ生き方』（三笠書房刊、のちに『幸せの扉を開く60の言葉』と改題し「知的生きかた文庫」に収録）という本を書くことができたのも、あのエッセイと出会えたおかげです。

どうしても、宇野千代さんにお会いしたい！　と思っていました。

私がその本を書いている当時すでにかなりお加減が悪く、「秋になれば元気になって、またパーマもかけられるからきっと会えるでしょう」と伝言をいただきましたが、その夢はかないませんでした。1996年6月10日、98歳の生涯を閉じられました。

でも約束の秋、宇野千代さんのビルの3階にあるご自宅に、出来あがった本をお持ちして、秘書であり家族とも言える藤江淳子《ふじえあつこ》さんにお渡しすることができました。

広々とした玄関の隅《すみ》には「千代」とマジックで書かれたズックがちょこんと置かれていました。藤江さんにお聞きすると、先生が入院されていたときにスリッパ代わりに使われていたものとか。

執筆なさっていたお部屋も拝見できました。いつも使われていた原稿用紙も、何十本ものユニの6Bの鉛筆もきちんと削られ、文机にそのまま遺《のこ》されていました。その場所で、私もこれからも書いていこう！　と心に誓いました。

さてと、また話がかなり脇道に入りましたが、話の入り口は青山二郎氏が「宇野千代は最もよく出来た田舎者」と言った件でした。

確かに、東京麻布生まれのジィちゃんからしたら、宇野千代さんの生まれ育った山口県岩国は田舎かもしれないけれど、当時の文壇人の多くは地方出身者だし、彼女だけを

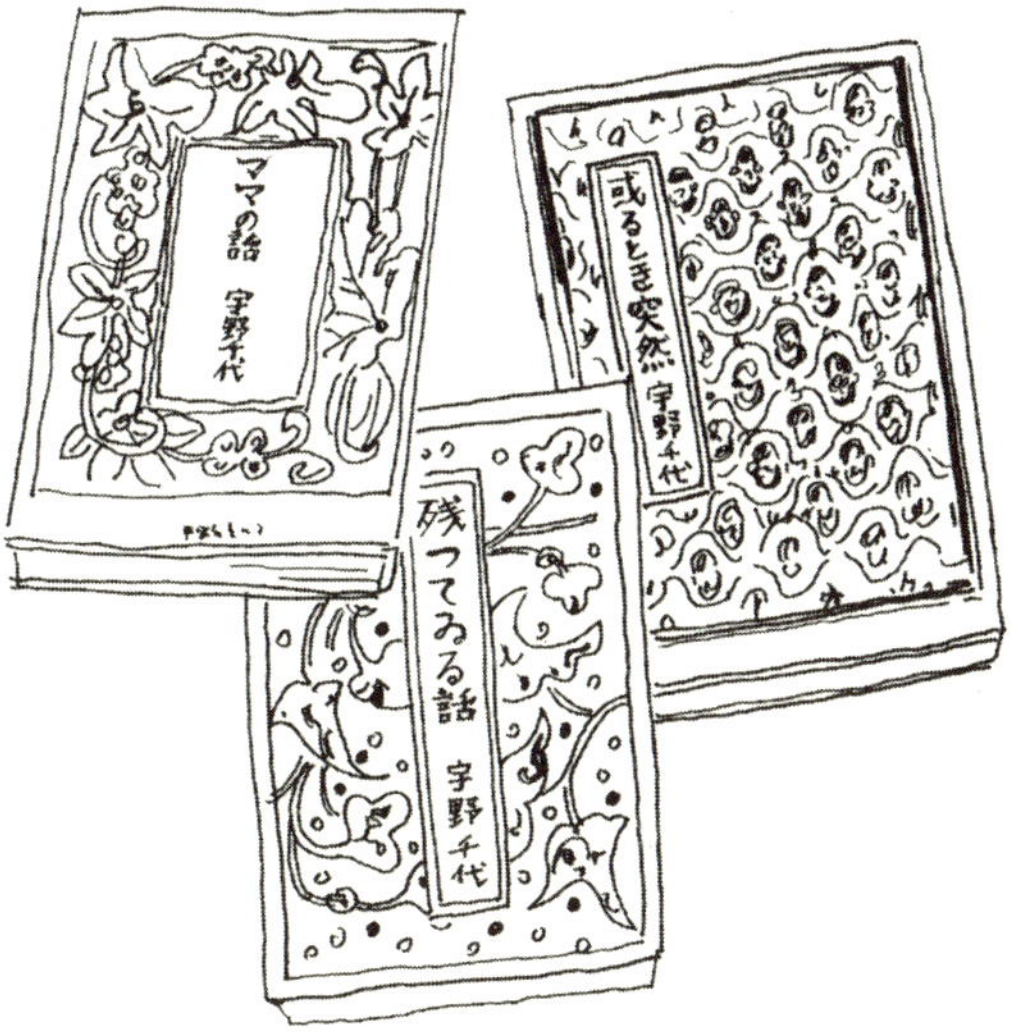
ママの話 宇野千代
或るとき突然 宇野千代
残つてゐる話 宇野千代

そう呼んだのは、ちょっと解《げ》せない気もします。

しかし、これはジィちゃん独特の褒《ほ》め言葉であり、生命力にあふれ、がむしゃらに生きた魅力ある女友だちへの最大の賛辞なのではないか、とも感じるのです。

宇野千代さん自身、著書『私のしあわせ人生』（毎日新聞社）でこのように書いているのを見つけました。

「私はいまになっても、この言葉を忘れることが出来ない。この私に、こんなに適切な言葉があるだろうか、と、今更のように感心してしまうのである」

「故郷の血が濃い、と言う点で、生まれながらのもので、得《とく》をしている、と青山さんが言ったので、実のところ、田舎者と言われたことで、とても満足しているのである」

ああ、やっぱり彼女は大したものです。

白洲正子さんのほぼ一回り年上の宇野千代さんは１８９７年生まれ、骨董趣味こそなかったけれど、「青山学院」の文士たちとの親交は長く続き、ジィちゃんから「いいもの、美しいものだけを見分ける目の訓練」を受けることができたのでした。１９８０年には中央公論社『青山二郎の話』を出版、また宇野千代の著作の多くは青山二郎の手による美しい装幀がなされています。

私が見たジィちゃんの装幀のほとんどは、宇野千代さんの本なのです。

南青山三丁目の長者丸通りをちょっと入ったところに宇野千代さんのビルはあります。スーパーマーケット「大丸ピーコック」に買い物に行ったついでに、ほんのちょっとだけ足を延ばしてかつてご自宅を訪れたその建物の外観を仰ぎ見てくるのが習慣になりました。

書くことに自信がなくなり、迷いが出たときは、特に。

今でもその建物は残っていますが、先生のお住まいだった階は貸しオフィスになり、宇野千代着物が飾られていた1階は、レストランと器の店がテナントとして入っています。

あの原稿用紙や鉛筆が載っていた文机は、もうそこにはないのです。

心のよりどころがなくなったような寂しさを感じていました。

ところが２００６年、没後10年を記念して40年間暮らした南青山にある梅窓院《ばいそういん》にも墓所が建てられたのです。墓石には、あのズックに書かれていたのと同じ、すぐ「宇野千代先生の字だ」とわかる字体で「幸福は幸福を呼ぶ」と彫《ほ》られています。

これだけは、宇野千代さんよりちょっとだけ早かったのですが、私も小さな区画の墓所を梅窓院に購入していました。

　梅窓院は、わが家から歩いて5～6分のところにあり、そこからまた5分足らずでピーコックに行けます。

　週末の食料品の買い出しにピーコックまで行くので、「道草名人めぐり」の最後に宇野千代さんのことを書かせてもらったお礼と報告がてら、梅窓院の墓所にお参りに行ってくるつもりです。

第4章　心のまん中に戻る

体まかせ、丹田まかせ

「なんとかして」と体がサインを出している

小学生の頃、わが家には中山式快癒器《かいゆき》がありました。いわゆるツボ押しタイプの健康器具ですが、幼いながら試しに首や背中に当てると気持ちがよかったのを覚えています。

名前が「中山式」だったのも、親近感を持つきっかけになったのでしょう。以来、自分の取り組みや健康に関する習慣のことを勝手に「ナカヤマ式」と名付けています。

で、この機会に、本家の「中山式」について調べてみたら、作っているのは「中山式産業株式会社」、「中山産業」ではないところに、こだわりと誇《ほこ》りを感じます。中山式の創業者は、（予想通り）中山姓の中山武欧《なかやまたけお》氏。幼少時から病弱だったため健康に関心を持ったとのこと。医学書を読みふけって脊椎《せきつい》の重要性を知り、脊椎のゆがみを矯正《きょうせい》する効果的な方法を研究したのでした。

で、１９４７年に発明第1号として誕生したのが、中山式快癒器だったのです。

さあ、中山式で快い毎日を！

創業者の中山武欧氏とは、残念ながら「ゆかり」があるわけではありませんが、同姓のよしみで、ここではナカヤマ式「こんなのは体によさそう」とか「これは気持ちが落ち着く」とか「上機嫌で暮らす秘訣」などなど、おとなの快適道草生活に役立ちそうなことを、お話ししてみようと思います。

まずは、体の正直な声を聞いてみる、です。

一年半ほど前に、気功《きこう》を始めました。

長年セカセカ暮らしていたため、血圧が高くなってすぐイライラしたり、頭痛や肩こりがひどかったりと、体が「ちょっとー、なんとかしてよぅ」とサインを出しているのにはうすうす気がついていたのです。

で、とりあえず一日にする仕事の量も（時に遊びの量も）「しなくちゃ自慢」をやめてセーブしたので、だいぶセカセカ予防にはなったのですが、これまでに蓄積した疲れは芯《しん》に溜《た》まっていて、そう簡単には「すっきり」と行かないことがわかりました。

しきりに体が「お願いだから、ちゃんと芯から改善してほしい」と言っているような気がしたのです。

そんなとき、たまたま事務所に来た友人が「あなたんちのすぐ近くの気功教室に行っているんだけど、一度体験してみない」と声をかけてくれたので、これはまたとないチャンスだ、体も喜ぶだろうと、早速参加してみました。

前にはスポーツクラブでエアロビクスやアクアビクスをしていた時期があったし、健康ヨガのクラスに通ったこともありました。雑誌の取材では、ピラティス、加圧トレーニングも体験したけれど、私の生真面目《きまじめ》で融通《ゆうずう》のきかない体はそれらに対して「多分これは続かないかもね」と、かなり正直に答えたんですね。

その通り、次のクラスまで進めなかったり、体験だけで入会まで至らなかったりしたのでした。

ところが、今回の気功は合っていました。

「源気功」のおかげ

頑固《がんこ》な体が「これならいいんじゃない」という反応をしました。

最初の晩の夕食は（普段と同じメニューだったのに）格段においしく感じられ、いつ

中山式快癒器
パール De fun
中山式快癒器

もより熟睡でき、目覚めたあとも「すっきり」でした。

せっかく体のほうが「気功をやってみたら」というサインを出したのだから、習うことに決めました。

はじめこそ、上級者のサマになった動きや堂々としたポーズを見ると「ついていけるかな」と（しつこいようですが、不器用生真面目派なので）不安になりましたが、先生はじめ皆さんがほがらかで親切、いい雰囲気なので「体まかせ、丹田《たんでん》まかせ」で通いはじめました。

もともと気功は中国古来の健康法。動作や呼吸法などによって、体内の気の流れをよくし心身ともにリラックスさせるのが基本です。

「丹田」とは、気の田のこと。丹田（下丹田）の位置は、だいたいおヘソから握りこぶしひとつ程度下あたりになります。ツボとは違って「そのあたり」と考えればＯＫです。

私が習っている気功は「源気功」と言って、中国の気功に日本の古武術における気の概念も含めた、先生のオリジナル。ホームページによれば「元気になるゲンキコウ。緊張をとり、自分の源に戻る気功」と説明されています。

まあ気功の詳しい理論はわからなくても、ひとつひとつ動作をしていくうちに、だんだんに頭の中に滓《かす》のように溜まった「どうしよう、あれなんとかしなくちゃクヨクヨ」とか「あの言い方はないんじゃない！　イライラ」みたいな脳内雑物が排出されていくのを感じられたのです。

毎週水曜日の夜に通いはじめて半年くらいすると、それまであまりの肩こり、首こりでしょっちゅう駆けこんでいた指圧ルームにも、とんとご無沙汰になりました。

そのうち、頭で考えなくても体がちゃんと「その流れで動く」ようになってきました。一年を過ぎた頃には、無駄に入っていたチカラが抜けて、体が緩急を覚えはじめた感じです。

そして体が「もっと自分自身に気づけよ！」と訴えていたことが、わかったんです。それは、たとえば不器用で生真面目な自分を無理に隠さなくていいということ。恥《は》ずかしいときには正直に赤くなっていいいし、へこんだときには思い切りため息をついていい。失敗したら、ベロ出しちゃったっていいということ。

確かに、グチばかりじゃうっとうしいけれど、妙にポーカーフェイスで「なんでもない」ふりをしたり、無理していつも「元気、元気」とテンション上げなくても、体はいずれ回復するし、ちぢこまっていたらまた伸ばせばいい。

そう……

ちぢんだら伸ばす。

吸ったら吐く。

緊張したらリラックス。

冷えたら温《あたた》める。

飽《あ》きたら別のことをする。

仕事をしたら遊ぶ。

みんなと過ごしたあとはひとりで寛《くつろ》ぐ。

頭にばかりまかせてないで、時には体まかせ、丹田まかせ。

これで、体のバランスが保てるようになり、体のご機嫌は格段によくなります。

この先も、長くおとなの「快適道草生活」を楽しむためにも、体の意見をよく聞いて、自分の体を信頼してあげたいと思っているのです。

「勝負」の時間

人生初の体育会系な日々

空模様は気にかかるものですが、特に週末のお天気が気になります。

週のはじめにテレビの週間天気予報をチェックするのは欠かせない習慣。

まあ、ウィークデイも以前にくらべれば（夫婦ともども）仕事がびっしり入っているわけではないので、たまにはウィークデイにも出かけられるようになり、前ほど必死に「週末、晴れてくれ！」と願っているわけではないけれど、やはり土曜あたりに無情の雨マークがついていると、テンションが一段階下がってしまうのは否《いな》めません。

最近は、天気予報のはずれが少なくなってきているようで尚更《なおさら》です。

で、何をするか。

テニスのゲームをしに出かけます。

テニスを始めたのは、教員をやめてすぐですから、もう20年以上やっていることになります。

通勤途中にテニスコートがあって、自分と同世代（当時30代）の女性たちが颯爽《さっそう》と自転車でコートに向かうのを「いいなぁ」と眺《なが》めていたので、退職後イの一番に始めたのが、テニススクールに通うことでした。

それから今までの間、よっぽど忙しいときや旅行、体調不良等がなければ週1回か2回は続けてきたので、テニス歴だけはなかなかのものになりました。

普通なら、これだけ続けていれば相当な腕になっていて当たり前なんでしょうが、もともと球技は苦手、というか体育全般にまったく得意なものがない人生を送ってきたので、人並みになるまでに結構な時間と努力が必要でした。

（しつこいようですが）根が生真面目で不器用なので、20年のうちの前半はほぼスクールレッスンに費やしました。コーチの指示通りにボールを返すのがやっとでした。

で、そろそろゲームもがんばろう……となったのが、10年前。40代も半ばを過ぎていたけれど、ようやくちゃんと遊べる球技が見つかったな！　と嬉《うれ》しく思いました。でも、その頃はまだ仕事も家事も、諸々のつきあいも今よりずっと濃くて大量だったので、テニスだけに絞《しぼ》ることはできませんでした。

そして50代を折り返した数年前からが、ようやく私にとっての人生初の体育会系な日日になったのです。

年齢との勝負もある

ウィークデイは（仕事やお天気の都合があるので）水曜昼間か木曜夕方のどちらか１回できれば花丸、土日は、基本晴れればテニス。屋外のコートのため、週間天気予報がとても大事なのです。

土日は2時から5時すぎまでが「勝負」の時間。

属しているクラブは所帯が大きく、コートも20面以上あるので、いろいろな人とゲームをすることが可能です。

ただ、こちらは「ぜひ」と思っても、先方も同じように思ってくれるとは限りません。

特に学生時代からテニス部に所属していた人とは、ボールの速さやテニスのレベルが違うので、やはりおとなになってから始めた人同士という形になります。

で、試合をしてもあまりに一方的なスコアにならない女性何人かが集まって、勝ったり負けたりするのがとにかくおもしろい。

最初にトントンとゲームを連取しても、自分のひとつのイージーミスから流れが変わって負けてしまうこともあるし、パートナーとの連携《れんけい》がだんだんよくなって粘っているうちに逆転できることもある。

1ゲーム目は1―6で取られても、2ゲーム目は6―3で取れる。

あの人は、ネットにつめてくるから、こっちはうしろにロブを上げてみよう。

そろそろドロップショットで落とされそうだから、前に走ろう。

まあ、球技が得意な人からしたら、「そんなの中学生だってわかるよ」くらいのゲームの駆け引きでも、不器用文化部系の私にとっては、ひとつひとつが新鮮でおもしろくて仕方がないのです。

これまでほとんど勝ち負けに一喜一憂したことがなかったし、もっとうまくなって「今度は勝ちたい」とか、「せめて差を縮めたい」と（この年齢で）切実に願うなんて、想像もしませんでした。

そして、もうひとつ……いつまでこのおもしろいテニスを続けられるか、という自分の年齢との（これからの）勝負も待っています。

とはいえ、クラブでは50代は、まだまだ中堅だし、名前も「ちゃんづけ」で呼ばれることが多いです。60代、70代の先輩女性プレーヤーが大勢いて、お姉さまたちと勝負して「歯が立たない」こともしばしばなので、これから先にも望みを抱いています。

ただ、残念ながらもともとの体がスポーツ向きでなく、ちょっとがんばりすぎると筋肉や節々のあちこちから悲鳴が聞こえ、長い目で考えてテニス以外にフィジカルを鍛《きた》える「何か」が必要と感じてあれこれ試してみたんですね。

そして、ようやく見つかったのが「気功」だったというわけです。

仕事の時間の多くは座ったままなので、激しく速い動きで勝敗を決するテニスとゆったりとした動きで自分の体と対話する気功、この２つのおかげで一週間にいいメリハリがつくようになりました。

こっちが道草でなく、本当に行きたかった道？　と思いたくなるほど、天気のいい週末に汗をかく時間が待ち遠しいこの頃なのです。

しがらみなく息抜き

「同じ湯船」に浸かった関係

今頃ナンですが、結局友だちがメールで誘ってくれた箱根の温泉には、残念ながら行けませんでした。急な仕事なんて最近は滅多に受けないのに、先方から「その日はいかがですか？」と電話口で聞かれたとき、すっかり温泉のことを忘れて、咄嗟《とっさ》に「ああ、大丈夫ですよ」なんて返事をしてしまったからです。

友だちも「まあ、仕事じゃ仕方ないわね。別の相手を探すから大丈夫」と言ってくれたからホッとしたけど、正直なところ（自分が悪いのに）損した気分になっていました。

ちょっと、自宅の昼下がり温泉だけじゃ気持ちがおさまらない。

少なくとも、もうちょっと大きな湯船に浸《つ》かりたい。

で、テニスの後にクラブハウスのお風呂に入ることにしました。

それまでは、家まで徒歩で帰れる距離なので、混んでいる（であろう）お風呂に入るより、家に帰って入ればいいか、という感じでした。

だから女子更衣室のロッカーも借りていませんでした。

それが、次第に持ち運ぶ荷物（着替えやラケットの他に、湿布《しっぷ》だったり、肘《ひじ》や膝《ひざ》用のプロテクターだったり、非常食料のバナナやあんパンなどなど）が増えてきて「重さが腰に来る」。加えてクラブまで来てから「あっ、手袋もリストバンドも忘れた！」と気づくわけです。

そこで、数カ月前にようやく（それまで「近いから」とけちっていた）ロッカー代を払うことにしました。予備のウエアやシューズ、ボールなどを入れておけるようになったので、何か忘れても（忘れること自体はまずなくならない）「あっ」とならずにすむようになりました。

で、ちらりと見えるお姉さま方のロッカー内は、ハンガーだけでなく、仕切りやネットの棚などを利用してうまく収納場所として機能していて、私の何倍もの備品が入っています。

そして多くの人が、かわいい取っ手がついたプラスチックボックスに「入浴セット」一式を入れていることも知りました。

箱根もダメになっちゃったし、しばらく大きいお風呂に入っていないから、と私も旅行用のビニールに入った入浴セットを持参し、いつもより1ゲーム早く上がって、ジャクジー付きの大きな湯船にゆったり浸かったら、(温泉成分こそ入ってないけど)これなら日帰り温泉とそう変わらないじゃん! と。

さっきまで、一進一退一喜一憂でゲームしていたメンバーも、次々入ってきて、お喋《しゃべ》りをするのもとても楽しかったんです。

そっか、混んでるけど皆が知り合いだし、テニスの話はもちろん、いい情報交換&息抜きの場にもなっていたんだな、と改めて思いました。

家族や学校時代からの友人、近所や仕事で知り合った人とも違う仲間。テニスが好きという共通点以外は、年齢もこれまでの歴史も背景も違う人の話は、新鮮で興味深いし、しがらみがない点も気がラクです。

話題が見つからなかったら、テニスの技術や体のメンテナンスの質問をすればいいというところも、リラックスして喋れる点かもしれません。

一度「同じ湯船」に浸かった同士は、自然に打ち解けられるようで、その後のコート上でもより親しくなれた気がしました。

LE RELAI
DURFORT-L

近場を活用

以来、みんなの真似してプラスチックボックスやスリッパなども常備して、時間があるときは「アフターテニス温泉」に入るようになりました。

遠くの温泉ばかり夢見てないで、もっと早く、この近場を活用すべきでした。

テニスで汗をかき、お風呂で汗を洗い流してさっぱりすると、当然ますます「ビールがうまい！」になり、アフターテニスの時間は延びるばかりです。

夫も、週末ほぼ同じ時間帯に、こちらは男子ダブルスで汗をかき、ザブッとお風呂に入るので、「とりあえずビール」は欠かせませんから、ここですでに嬉しそうにビールを飲みはじめている男子組とも合流。

みんな、テニスも強いけれど、お酒も強い（体育会系の人は、勧められたら断らないように訓練されているんでしょうか）。

で私も、テニスに比べればお酒はまあ強い。

それぞれがロッカールームにワインやら日本酒やら秘蔵の品をストックしているし、持ち寄りのつまみもあるので、なかなか豪華な酒宴《しゅえん》になるのです。

さっきまでは、（ちょっと年のいった）ガールズトーク炸裂《さくれつ》でしたが、ここからはおじさんたちも加わったにぎやかな時間です。

また、ここでもさまざまな人生経験をしてきた人たちの話が聞けるので、物書きの私は、自然にダンボ耳になって、あちこちからおもしろいネタを仕入れているのです。

テニス同様アフターテニスも、いい仲間と一日も長く楽しみたい。

手放しにそう言えるようになったのも、きっとこの年まで来たからなのでしょう。

モヤモヤさんともおつきあい

目のまわりのフワフワ

まったく、自分で言うのもナンですが、次々と原稿のネタになるようなことが起きるので、苦笑してしまいます。

さてテニスもアフターテニスも満喫して、幸い腰痛も出なさそうだし、今日からはまた主要幹線（仕事）に戻ってがんばるぞ！　と迎えた月曜日の朝、なんだかいつも以上に「朝の部屋」がまぶしく感じられました。

すっかり気候も暖かくなったし、日の出の時間も早くなっているからかなと思ったんですが、そのうちどうもそれだけではないことが、わかってきました。

左目のまわりにフワフワした白いものが見える。

そのときは、ごく普通の近眼の眼鏡《めがね》をかけていたので、そのレンズが汚れたのかとネルの布で拭いてみました。

眼鏡をきれいにしても、というか裸眼になってもフワフワが消えないので、疲れ目かかすみ目？　と思い、しばらくはパソコンを開くのをやめて、洗濯をしたり（テニスをした週明けは、子どもたちがいた頃と同じくらい洗濯物干し場がにぎやかになります）、掃除機をかけたりしていました。

で、そろそろかすみ目も治《なお》ったかと思い、午後からはパソコンに向かったのですが、目のふちに浮いていたフワフワが今度はモヤモヤになって目のあちこちを移動している感じ。

これは単なる疲れ目とちょっと違うぞ……で、すぐにいつも通っているクリニック内の眼科に行ってみることにしました。

夫は、しばらく前から「蚊《か》みたいのが飛ぶことがある」と言っていて、これは診断の結果「老化現象による飛蚊症《ひぶんしょう》」でした。

要は、ゼリー状の硝子体《しょうしたい》が年々収縮して、硝子体膜が網膜《もうまく》からはがれ、硝子体膜についてきた網膜の細胞が浮遊物のように見えるらしく、眼科の先生によれば「髪が白髪になるのと同じような生理現象」とのことです。

で、私のモヤモヤさんはどうなの？

夫のときには、「老化だから仕方ないんじゃない」と軽く言ったけれど、自分のことになると俄然《がぜん》不安が募《つの》ります。

幸い視力検査では異常がなく、瞳孔《どうこう》が開く点眼薬を差したあといくつかの検査をしたら、わずかながら左目に眼底出血があり、そのせいでモヤモヤが見えていたことがわかりました。

「まあ、毛細血管の先がちょっとした力みか何かで切れて少し散っているだけなので、特に治療も必要ないし、そのうちには治りますよ」と言われました。

でも、眼底の血管が切れる力みって？

私の、ほぼ安心したけれど、ちょっとだけ納得がいかないという表情を見て、先生が「心配はないと思いますが、一応一ヵ月経ったらその後の様子と視野の検査をしてみましょう。今、予約しますか？」とやさしく言ってくれたので、目のモヤモヤはまだ取れないけれど、気持ちのモヤモヤのほうはだいぶ晴れてよかったです。

「おとし穴づくりの名人」

ここ何年かで、このクリニックの検査でわかったこと。

血圧は高め、コレステロール値も高め。

スギ花粉アレルギーあり。

その数値もカルテに書いてあるため「血圧のほうは、今までの診察通りの薬を続けていれば大丈夫です。今回こちらの眼科から出す薬は特に必要ないけれど、せっかくいらしたんだから、花粉症の点眼薬だけ出しておきましょう、では来月に」。

で、いまだモヤモヤが居座った目のままですが、できるだけモヤモヤさんに気をとられないようにして、パソコンに向かっているのです。

さて、ここでもうひとつのモヤモヤさんのお話を。

第3章のあっぱれ老女として紹介した、田辺聖子さん作の『姥《うば》ざかり』の歌子さん、こんなことを言っております。

「ただ無信心無信仰の私でも、何かしら大きな超越者のごときものがいたはるのやないかしらんと思うことがある。仏サンか神サンか観音サンか菩薩サンか、それは分らない。モヤモヤしているから、私は、仮りに、ひそかに自分一人で、

『モヤモヤさん』

となづけている。

……このモヤモヤさんは、決して人間に安らぎをもたらしてはくれない。

あべこべに闘争心をかきたてる。

何となればモヤモヤさんは人の足をすくうのがうまいからである。モヤモヤさんは、おとし穴づくりの名人なんである。人を不意におとし穴にはめて、

(どや……思いも染めんことやったやろが。……ぬふふふ。むははははは。ぐわっはっはっは)

と大喜びしているところがあるのだ」

今回の私のモヤモヤさん体験もまた、歌子さんに言わせれば「それもあんたにもっと目ェを大事にせなあかん!とモヤモヤさんが言うとるんや」というところでしょうか(この関西弁の台詞《せりふ》は勝手に「こんな感じ?」と書いたので、ネイティブの人からしたら変かもしれませんが、お許しを)。

そんなわけで、今現在は「腰痛去ってモヤモヤさん来り」なんですが、私も歌子さんに負けず、この本の脱稿まで闘争心を燃やしたいと思っているところです。

「図像学」がおもしろい

ぬりえときせかえとカードと

やってきたモヤモヤさんのおかげ（？）で、ますます目の大切さを痛感しつつ、ここからは体育会系でなく、本来の美術系のナカヤマ式のお話をしていくことにしましょう。紙好きの私が、子ども時代に特に好きだった紙アイテムベスト3は、ぬりえときせかえ、そして教会の日曜学校でもらえたカードです。

ぬりえと言ってすぐ思い浮かぶのは「きいちのぬりえ」でしょう。きいちこと蔦谷《つたや》喜一《きいち》は１９１４年、京橋の紙問屋の息子として生まれました。きいちの名前は忘れていても、あの目も頭も大きな（三頭身くらいの）女の子の絵を見た瞬間、昭和30年代生まれまでの女性なら「ああ、あの子ね」とすぐわかるでしょう。「きいちのぬりえ」が発売されはじめたのが１９４７年ということですから、戦後間もなくあの可愛いいおしゃれな女の子が大人気になったのもよくわかります。

また、「きいち」以外にも「まつおのぬりえ」もとても人気がありました。私個人は、きいち以上にまつおファンだった記憶が。

ただ、何まつおか知らなかったので、ちょっと調べてみたら、こちらは「まつお」という名前の画家がいたわけではなく、社長さんの名前からとったブランドネームで、誰が描いても「まつお」のぬりえとして売られていたことがわかりました。

ぬりえの中にある「まつお」のサインに松の葉がついていたのを覚えていたので、ずっと喜一と同じように松男あるいは松夫というひとりの画家が描いていたと思っていたので、ちょっと驚きました。

さてぬりえの際、最初は6色の色鉛筆しか持っていなかったので、ドレスをピンクにしたいときは、力を抜いてうすーく赤の色鉛筆を走らせてみたり、緑と黄色を使って細かいチェックを描いたりと工夫していました。そのうち12色のセットを買ってもらい、ピンクが入っていたことに大感激、ジョーゼットの透《す》け感やバラ柄など、自分でピンクのドレスをよりゴージャスにする方法を考えたりしました。

それと並んで大好きだったきせかえ、こちらも「きいち」がトップスターでした。

絵のテイストはまちがいなく「きいちワールド」ですが、ぬりえと少し違うのは、女の子のプロポーションがもう少しスマートだったこと。お父さんやお母さん姉妹もいて、

あかいぼーし
あかいおーばー
おともだちのおうちへ
ぬりえ

当時最先端だった家電品などもついていたのが魅力でした。

そのうちに、きせかえ人形についている服だけでは物足りず、自分で洋服の型を起こし、かわいいワンピースやプリーツがたくさん入ったスカートなどを作った記憶があります。

と、ここまではごく普通に女の子が熱中するかわいいものでしたが、最後のひとつはちょっと異色。

それは、当時通っていた日曜学校で牧師さんのお話を聞いて、献金をするともらえたカードだったんです。

もちろん、背景には男子が熱中したメンコや野球カードがあったし、明治のマーブルチョコについていたアトムのシールの大流行などもありました。

「教会に行くと、よそではもらえないきれいなカードがもらえる」という情報が入り、「どんなカードか見てみたい」という動機で、日曜学校に通いはじめたのでした。まあ、今で言う「レアもの」っていう感じですね。

私は、きいちやまつお以来、大の「イラスト好き」になりましたが、一方で「教会のカード」に夢中になったことで、思いがけず「名画好き」にもなっていたのでした。

そのカードが、ラファエロやレオナルドの描いた「聖母子像」だったからです。

もちろん、その当時はそんな名画とはまったく知らなかったのですが、小さいときに見た美しいマリア様の顔ややさしいまなざしは、ずっと目に焼きついていたのでした。

それらを描いた画家についてや他の作品、そして自然にイタリアルネサンスと呼ばれる時代そのものにも興味を抱くようになっていったのでした。

赤瀬川さんのところでもちょっと触れましたが、どうも鼻が利《き》く人に言いくるめられている気がする現代作家の作品には、今でもあまり興味が持てません。

それより、「きいち」や「まつお」のぬりえに始まったイラストレーションへの愛情や興味のほうがずっと強いし、字が読めない人にもわかるように「イエスの生涯」はじめ「聖書」や「神話」の場面を描いた中世やルネサンス期の名作群だって、絵巻物やイラストレーションに近い性格を持っているから、とても親しみを感じるのです。

西洋名画の読み取り方

私は、絵を読んで楽しみたいのでしょう。

また最初に惹《ひ》かれたカードの「聖母子像」のおかげで、その後も宗教画をあまり堅苦しいものとして感じずにすみました。マリア様は、いつも赤いドレスに青いマントをまとっていることにも気づきました。

そして、そのドレスやマントの色をはじめ「これは何を意味しているの？」と、知りたいことがたくさん出てきました。

この百合《ゆり》や薔薇《ばら》はどういう意味？　鳩《はと》は何の印？　あっ、こんなところにどうしてコンパスが？

これらの意味するものが何であるかを教えてくれるのが「図像学《ずぞうがく》」というものであり、そういった約束事としての小道具を「アトリビュート」と呼ぶことを知り、謎解き的な楽しみも含めて、すぐにハマりました。

アトリビュートがわかると、一気に西洋名画の読み取りがラクになります。

その例を挙げると、

●大天使ガブリエルの捧げる百合は聖母マリアの「純潔」の印（ちなみに百合の雄しべは普通描かれないが、レオナルドだけはきっちり描いた）

●まわりに薔薇が散ったり手に持っていたりしたら、その女性はヴィーナス

●鳩《はと》は（現在では平和の象徴だが）キリスト教においては聖霊

●コンパスは、剣と組んでいたら「正義」の象徴
球体と一緒にコンパスを持っているなら「天文学」の擬人化《ぎじんか》
●砂時計は死やメランコリーの象徴
●ランプを手にする裸体の女性は、ヴィーナスも嫉妬《しっと》する美少女プシュケ
●帽子、特に帽子を被《かぶ》った女性は「自由」の象徴（あの自由の女神像も！）

また、動物もアトリビュートとして描かれる場合があります。
●たとえば犬は大きく分けて5つの意味を持っていて、
1　犬を連れている裸体の女性は、狩りの女神ディアナ
2　猟犬を従えている美少年は、ヴィーナスが恋したアドニス
3　夫婦とともに描かれたら、「忠誠」の象徴
4　いい香りの花とワインを持つ女性の足元に犬がいたら「嗅覚《きゅうかく》」の擬人化
5　顔を隠す人物のそばに犬がいたら「スパイ」の印
●蛇《へび》は（言うまでもなく）「原罪」の象徴
●ライオンは（イメージ通りの）「勇気」の印

●白貂《しろてん》は女性の「純潔」の象徴

そして、かのレオナルド・ダ・ヴィンチには「白貂を抱く貴婦人」というタイトルの肖像画があります。

ナカヤマ式美術系道草、いよいよ憧《あこが》れのレオ様のところまでたどりつきました。

レオ様ファンの務め

じつは「ダヴィデ像」のモデル

そうそう、なぜマリアが赤いドレスに青マントなのか、についてお伝えするのを忘れていました。

まずマントの青は、「天国」や「純潔」の象徴である最も高貴な色だから。また当時は青の顔料そのものがとても高価で貴重なものだったようです。

そして、ドレスの赤は「愛」や「生命」のシンボルカラーであり、神の子の母であるマリアを象徴する色として使われました。

ではレオナルド作の「白貂を抱く貴婦人」について、ほんの少しだけお話しさせてください。

この白貂はアトリビュートなのか、それとも婦人の単なるペットなのか？

まず白貂を抱くたいへんに美しいこの女性、名前はチェチリア・ガッレラーニと言います。

フィレンツェ近郊のヴィンチ村で生まれ、フィレンツェのヴェロッキオ工房で修業したレオナルドですが、この作品はミラノのコルテ・ヴェッキア宮殿で描きました。彼の（1回目の）ミラノ滞在は、30歳から47歳までの17年間で、この宮殿の主《あるじ》でレオナルドを雇っていたミラノ公ルドヴィコ・スフォルツァの愛妾《あいしょう》が、チェチリアだったのです。

えっ愛妾なのに、「純潔」のアトリビュートの白貂？

ナカヤマ式好奇心で、いくつかの資料をあたってみると、この白貂、どうも暗喩《あんゆ》が複数存在しているみたいです。

まずは、白貂はギリシア語ではガレー、なのでチェチリアの苗字ガッレラーニとの語呂合わせになっている。

そして、ミラノ公ルドヴィコが1488年にナポリ王より授かったのが「白貂の爵《しゃく》位《い》」、以後彼のあだ名が「白貂」になったので、彼自身を暗喩したものとも。

加えて、白貂の毛皮は貴重なものだったので上流階級の証《あかし》とも言え、とりわけ白い毛皮が汚れるくらいなら死を選ぶとして「純潔」のアトリビュートとなった。

暗喩と言っても、語呂合わせやあだ名などだったせいか、この肖像画を自ら依頼したという美しいチェチリアにも、描いたレオナルドにもより親しみをおぼえました。

立場こそ愛妾ですが、チェチリアはミラノ公の重臣《じゅうしん》ファツィオ・ガッレラーニの娘で、才色兼備をうたわれ、ルドヴィコがフェラーラ公国王女のベアトリーチェと結婚する前から愛していた唯一の女性なのです。

彼女はフィレンツェからやってきた知識が豊富で美男子！　のレオナルドに好感を抱き、彼の自薦《じせん》の手紙をミラノ公に取り次いだり、自分の肖像画を描かせたりしたのです。この絵のおかげで、レオナルドのミラノでの名声は一気に高まり、傑作と呼ばれる作品は、ほとんどこの時期に描かれました。

えっ、レオナルドって美男子なの？　と思われがちなのは、あの老人になってからの（気むずかしそうな）自画像のインパクトが強いせいでしょうが、少年時代には師匠ヴェロッキオの「ダヴィデ像」のモデルになるほどで、とても美しく人を魅了する容姿の持ち主だったのです。

万難を排してでも

数奇な運命を経て今ではポーランドにいるこの「白貂を抱く貴婦人」、実は以前で、日本にもやってきたことがありました。

いまだに本当に悔《くや》んでいるんですが、セカセカと「しなくちゃ自慢」まっ盛りだった私は、この絵を見逃しているのです。

見にいって感激した知り合いのデザイナーさんが「もう数日しかないから、絶対に見てきたほうがいい」と言ってくれたにもかかわらず、です。

レオ様ファンを自称する私の、唯一の汚点（？）。

何をそんなに突っ張っていたのかわからないけれど、今の私は当時の私に「あの絵を見損なうほど大事なことを、あなたはしてたわけ！」と言ってやりたい。

確かに、日本にやってくるレオナルドの作品は、あまりに大勢の人に囲まれるので、できればその作品が常設されている場所でひとりじっくり見たい気持ちはあります。

好きなアイドルやアーティストのライブにも、大勢の人が押し寄せるので、そういうのに怖気《おじけ》づくというか、あの中のひとりになるのに抵抗を感じる……というやや引っこみ思案で生意気なタイプだった過去があるのも確かなんですが。

「白貂」で後悔＆反省した後、フィレンツェから初期の代表作「受胎告知」がやってきたときは、準備万端で上野まで出かけたものの、照明も暗くものものしい警備で「立ち止まってはいけません！」の空気が充満していたので、フィレンツェのウフィッツィ美術館で見たときのような、敬虔《けいけん》な気持ちや押し寄せる感動に浸《ひた》るほどの時間も空間も与えられませんでした。

ただ、それはすでにオリジナルを見たことがあったからの「比較」であって、やはりまだ見たことのない（決して多作でない）彼のオリジナルが来日してくれる折には、万難を排して「お目にかかりに行く」のがファンとしての務めでしょうと、今は勝手に思っています。

でも、レオ様ファンからすると「モナ・リザ」だけが突出した状況は、ちょっと？マーク。人気アーティストのファンが「あのミリオンヒットの曲よりアルバムの4曲目のほうが感動する。売れたからいちばんいい作品とは限らない」と言うみたいに、いつでも「黒山の人だかり」の彼女に対しては、（もちろん素晴らしく魅力的な作品とは思いますが）ちょっと複雑な気持ちになってしまうときもあるのです。

ルーヴルにあるレオナルドの他の傑作「洗礼者ヨハネ」や「岩窟《がんくつ》の聖母」「聖アンナと聖母子」などは、ほんとうに「すぐそこ」まで行って、どんなに見とれていても「立ち止まってはいけません！」なんて言われません。

まあ、見学時間の制限がある団体客の多くは「モナ・リザ」めがけるのも仕方ないのかもしれませんが、他のレオナルドの傑作たちだけでなく、ラファエロやカラヴァッジヨもすっ飛ばしていく様子を見ると、「もったいなさすぎ」と他人事《ひとごと》ながら、ため息をつきたくなるわけですが。

さてとそんなわけで、汚名を返上すべく、小雨の平日の12時ちょっと前、渋谷のＢｕｎｋａｍｕｒａザ・ミュージアムに向かいました。

今回、日本初お目見えの「ほつれ髪の女」に会うためです。

「伏し目」のオーラ

圧倒する「ほつれ髪の女」

以前、美術館の人に「いちばん空いている時間帯」を聞いたところ、「お天気がぐずつき気味の、平日のお昼から午後いちにかけて」と教えてくれたので、これは最高のコンディションとばかり勇んで出かけたのですが、本当に混雑していなかったのでホッとしました。身長153センチの私にとって、小品の名作はよっぽど近づかないと、人々の黒い頭ごしにチラリとしか見えないからです。

ただ今回は、他の日でも入場制限したりするほどの混雑状態ではないのでしょう。目玉の「ほつれ髪の女」がレオ様の作品の中でそう知名度が高くないのと、あとの展示作品のクオリティがやや低めだからです。

私のようなレオ様マニアにとっては、なじみ深く、興味深くもある弟子のサライことジャン・ジャコモ・カプロッティやフランチェスコ・メルツィらですが、正直なところ彼らの作品の質は決して高くないし、他の「レオナルデスキ（レオナルド派）」の作品も、所詮《しょせん》「レオナルドもどき」にすぎず、師匠との差はあまりに歴然としています。で、ここまでの才能の違いが……と、ちょっと痛々しい気持ちになってしまうのです。レオナルド作品の凄《すご》さは、美術館で同室の作品のすべてから生気を奪ってしまうほどのものです。ウフィッツィでもルーヴルでもまったく同じ体験をしました。

レオ様の作品は多くないので、必ず誰かの作品が彼の近くに並べられる羽目になりますが、哀しいほど「下手《へた》」が際立つか、「存在」すら認めてもらえないかの二者択一状態になります。

今回の「ほつれ髪の女」にしても、25センチ程度の小品で、板に素描風に描かれたもの。なのに、他の大きな油彩画群すべてを圧倒する美しさと存在感を持っています。

そして、彼女もまた、私が大好きなレオ様描く「伏し目がち美女」のひとりなのです。

高貴であり続ける

レオ様の美女は、なにしろ伏し目が似合うのです。

たとえば、ウフィッツィにある「東方三博士の礼拝」のマリアや、ルーヴルの「聖アンナと聖母子」の聖アンナの伏し目。アンナはマリアの生母、なのでイエスの祖母にあたります。こんなに美しい祖母と母、そして愛くるしい孫のいる一枚なんて奇跡的！

そして、誰より美しい「岩窟の聖母」のマリアの伏し目、今回の「ほつれ髪の女」は、とても彼女と似ています。

この伏し目美女、実際に近くで目にすると、予想以上期待以上の美しさに、クラクラッとなるほどでした。

アンバー（琥珀《こはく》色）系の単色なのに、肌がやさしく光り輝いています。ほんのかすかな微笑みを見た人は、それだけで幸せな気持ちになります。本人は伏し目で控えめなのに、人の視線を引きつけて離さないのです。

本当の美だけが持つチカラを体現したこの女性に会えてよかった……としみじみ思いました。

この作品が、どういういきさつで描かれたのか、はっきりしたことはわからないようですが、やはり聖母の下絵のひとつという説が有力です。

先にも触れたメルツィは、レオ様の最期《さいご》まで付き添った愛弟子《まなでし》なのですが、師匠の芸術に関する言葉を「絵画論」としてまとめていて、その中にはこんな言葉があります。

「神聖な美の自然における手本を時間と死が短い間に壊してしまうのに対して、どれほ

ど多くの絵画が神聖な美の面影《おもかげ》を保ち、画家の作品が、その師たる自然の作品よりも高貴であり続けることか！」（『レオナルド・ダ・ヴィンチの絵画論』加藤朝鳥訳・北宋社）

レオナルドに、彼の絵は５００年後の今も高貴であり続けていることを知らせてあげたい気持ちになりました。

そしてあとしばらく渋谷の地にいる伏し目がちの美女に、「あいにくの天気」の平日、もう一回会いに来ようと決めたのです。

いつかかなえる夢

軍配はルーヴル版

本当は今回の「レオナルド・ダ・ヴィンチ美の理想」展（２０１２年３月31日～６月10日）で、「ほつれ髪の女」と同じくらい期待していた一点がありました。

それが、第三の「岩窟の聖母」と呼ばれる作品です。

もともとレオナルドの真筆と確認される作品はごく僅《わず》かなうえ、当時の絵の多くは工房で制作されたので、師匠が主なる部分を描き、あちこちに弟子の手が入った作品も多いのです。

レオナルド自身、彼の師のヴェロッキオが依頼された「キリストの洗礼」の天使のひとりと背景の一部を描きました。この天使の美しさがあまりにも素晴らしかったため、師匠は以降絵筆を持たなかったという逸話《いつわ》は、レオナルドの天賦《てんぷ》の才を伝えるものとしてあまりにも有名です。

また、作品の傷みの修復や後の時代の価値観や流行で加筆される作品も多く、どこまでを「本人のオリジナル作品」と呼ぶのかは、かなりむずかしい。

ただ、この第三の「岩窟の聖母」は、残念ながら私にはレオナルドの手が入っているようには感じられませんでした。

絵の前に立っても、見るものを引きとめる力がないんです。

科学調査の結果では、描かれたのがレオナルドの時代なのはまちがいないようなので、何かの理由があって、現在ルーヴルにある「岩窟の聖母」第一ヴァージョンを弟子たちが模写したものではないか、と。

実際、本当に第三だと確信があれば、どう考えても「ほつれ髪の女」より大きく扱われるはずで、やはりレオナルド自身がかかわっているという説は弱い。

数年前、ナカヤマ式美術系道草の中でも、かなり思い切って実行したのが二枚の「岩窟の聖母」を見比べに行く、ロンドン・パリ旅行でした。

一枚はルーヴルに、もう一枚はロンドンのナショナルギャラリーにあります。

私の（勝手な）軍配は、やはりルーヴル版に上がりました。

ルーヴル版が、本当に描きたかったレオナルドの唯一の「岩窟の聖母」。

ただ、依頼主の修道会とのトラブルもあって、後年（仕方なしに）（弟子の手も借りて）（後からの加筆もされて）描かれているのが、ナショナルギャラリー版ということを裏付けるものが、絵にはっきり表れていました。

レオナルドの聖母子は、聖母の美しさに目を奪われがちですが、あのように愛らしく気品のある幼子イエスを描ける画家も彼以外にいない！　といつも思います。

ナショナルギャラリーのイエスに荘厳さはありますが、ルーヴルのイエスの持つあどけなさに欠けています。

そして、かわいい幼子ながらイエスを慕《した》うヨハネの一歩ひいた表現、大天使ウリエルの妖《あや》しいほどの美しさもやはり彼以外の手によって生まれることはなかったでしょう！

本物に会いに

ルーヴル版の「岩窟の聖母」のレオナルドの筆力は圧倒的で、まったく見飽きることがありません。

私は急いでドーバー海峡を渡ってロンドンからパリへ向かって二枚の「岩窟の聖母」を見比べたのですが、２０１１年あのパリの第一ヴァージョンのほうがロンドンに出向き、二枚の「岩窟の聖母」を同じ空間で見る機会が設《もう》けられました。

なんと、ポーランドから、あの白貂を抱いたチェチリアもやってきたのでした。

さすがに予約は即日完売。僅かな当日券に長蛇《ちょうだ》の列ができたことはニュースで知りました。

レオ様ファンは、世界中にいるので当然です。

今回ふたつを一度に見る機会には恵まれませんでしたが、すでに私の中では決着がついているのと、あまりに大きなイベントに怖気づいたためか、不思議に「残念……」という気持ちにはなりませんでした。

でも、どんないきさつで二枚が一堂に会することになったのかは、知りたいと思っていました。

すると、今回の展覧会の図録の中に、一枚の紙がはさまっているのに気づきました。

えっ「レオナルド・ダ・ヴィンチ展　ｉｎシアター」って書いてある！

なんと、二枚の「岩窟の聖母」が出会った、あの展覧会が映画になって、同じＢｕｎｋａｍｕｒａのル・シネマでロードショー公開されるお報せでした。

もう一回「ほつれ髪の女」に会う日に、映画も見ることに決めました。今度はスクリーンでレオ様の珠玉《しゅぎょく》の作品群、そしてナショナルギャラリーの舞台裏まで見られる

「眼福」を近々に味わえるなんて、最高にうれしいです。

そして、本物のチェチリアには、普段彼女がいるチャルトリスキ美術館まで行って会ってみたい。ショパンを生んだ国でもあるポーランドにはまだ行ったことがないので、「これからの快適道草生活」の夢のひとつとして、いつかかなえる日を楽しみにしたいと思っています。

そのときまで、腰痛やらモヤモヤさんやらをうまくあしらいつつ、自分に合ったナカヤマ式健康法を今後も実行して、ちゃんと気力、体力も蓄《たくわ》えておくつもりです。

心の居場所

「なんでもない日」の快適さ

伏し目美女に会った日の午後は、ほぼ雨もやみ、知り合いのお宅の桜の下でバーベキューパーティを楽しむ、というとても贅沢《ぜいたく》な「眼福&満腹」な一日を過ごしました。

その翌日からは、またお天気が大幅に崩《くず》れ、みごとな桜吹雪、そしてこの原稿を書いている今は、ほぼ葉桜になりました。

桜の季節は、このように時の移ろいがはっきりするせいか、一日一日がより貴重なものに感じられます。

以前なら、ひとつの催《もよお》しが終わる前に「次の予定」や「次の次のイベント」まできっちり立てていたので、スケジュール帳の中身は充実していたけれど、ちょっと余韻《よいん》に乏《とぼ》しかったかな、とも思います。

催しやつきあいで忙しい自分でいたかったんでしょう。

もちろん忙しくできる若さがあったからだし、しっかりプランを立ててガッツリ催し

やイベントをこなしていく毎日は、手ごたえがありました。

そのおかげで得るものもたくさんあったので、当時の自分のことは「すごくよかったんじゃない」といい評価をあげたい。

誰かが「あの当時のあなたはがんばっていてえらかった」なーんて言ってくれるはずもないことは、ここまで生きてくれば、さすがにわかっているからです。

今は、濃いイベントの後はゆっくり疲れも取りたいし、なんでもない日のさっぱりした魅力を味わいたい。そのためにごくたまにイベントや催しを差しこんでおくのがちょうどいい、というくらい「なんでもない日」のほうに快適さや魅力を感じています。

道草は続く……

「なんでもない日」こそが素晴らしい。

平凡こそが非凡だと、今は感じます。

すっかり人が減った青山墓地を、緑のほうが優勢とはいえまだピンクまじりの桜を眺めつつ、「今年の桜も見事だったな、桜の下で炭火で焼いた魚もおいしかったし……」と振り返りつつの「特にお花見でない散歩」をゆっくり楽しむのも、なかなか風情《ふぜい》があります。

桜は、あの皆から注目される数日のために残りの日々を過ごしているわけではなく、花開いていない日々もまったく同じように、しっかりその日の仕事をしています。

「なんでもない日の仕事」の積み重ねで、自分はできているし、家族やまわりの人や、ペットや庭の草花にも、少しは役に立てているかな……と自分で評価できれば、それで十分なのではないでしょうか。

やり残したことは、次の「なんでもない日」にまわしてもいい。

万遍なく、すべてに合格点がとれなくてもいい。

道草をしているうちに、心のまん中にすっと戻れたような気がしています。

著者略歴

一九五三年、群馬県に生まれる。女子美術大学、セツ・モードセミナーを卒業。群馬県立の女子高校の美術教師を務めた後、三七歳で退職。長年の夢だったイラストレーターとしての活動を始める。四二歳で、自身の夢をかなえてきた経験をつづった『「夢ノート」のつくりかた』を大和出版より上梓。以来、エッセイストとしても活躍を続けている。夢実現のヒントをはじめ、心地よい暮らしのための提案や時間の使い方が多くの女性の支持を集めている。

著書には『40歳からの「夢ノート」』（大和出版）、『「ひとり時間」のススメ』『心のコリをほぐす50の方法』（以上、中経の文庫）、『朝一番、やる気がふくらむ100の言葉』（知的生きかた文庫）などがある。

おとなの道草《みちくさ》

——これから！　女《おんな》の自由時間《じゆうじかん》

二〇一二年一〇月四日　第一刷発行

著者　中山庸子《なかやまようこ》
発行者　古屋信吾
発行所　株式会社さくら舎　http://www.sakurasha.com
東京都千代田区富士見一-二-一一　〒一〇二-〇〇七一
電話　営業　〇三-五二一一-六五三三　FAX　〇三-五二一一-六四八一
編集　〇三-五二一一-六四八〇
振替　〇〇一九〇-八-四〇二〇六〇

ブックデザイン　中山詳子
イラスト　松本孝志
印刷　慶昌堂印刷株式会社
製本　大口製本印刷株式会社

ISBN978-4-906732-21-0